Personalità e autoefficacia

Ferdinando Pellegrino

Personalità e autoefficacia

Come allenare ragione ed emozioni

 Springer

Ferdinando Pellegrino
Psichiatra e psicoterapeuta
Dirigente Medico
Dipartimento di Salute Mentale
ASL Salerno (Ex Sa1)

ISBN 978-88-470-1526-5   e-ISBN 978-88-470-1527-2

DOI 10.1007/978-88-470-1527-2

© Springer-Verlag Italia 2010

9 8 7 6 5 4 3 2 1

Layout copertina: Ikona S.r.l., Milano

Impaginazione: Ikona S.r.l., Milano
Stampa: Arti Grafiche Nidasio
Stampato in Italia

Springer-Verlag Italia S.r.l., Via Decembrio 28, I-20137 Milano
Springer fa parte di Springer Science+Business Media (www.springer.com)

Prefazione

Negli ultimi anni la psicologia ha focalizzato l'attenzione su temi che riguardano la promozione del benessere, nel tentativo di operare un salto culturale e ampliare gli orizzonti della ricerca scientifica. Se per anni l'interesse primario della psicologia ha riguardato lo studio della nevrosi – dall'isteria alle fobie – attraverso l'indagine clinica, oggi si vuole osservare l'individuo nella vita quotidiana, nel lavoro, nella società, in famiglia. L'obiettivo di fondo è comprendere quali siano le motivazioni alla base delle scelte fondamentali della vita e in quale modo una persona operi queste scelte.

L'osservazione prende spunto dai dati della letteratura scientifica, dai quali emerge la preoccupazione rispetto alla crescita dei disturbi psichici nella popolazione generale; esiste cioè una particolare vulnerabilità dell'individuo allo sviluppo di condizioni di disagio psicologico, molte delle quali sono legate al suo comportamento.

In quest'ottica, *Personalità e autoefficacia* si propone di apportare un contributo al dibattito sul ruolo della personalità nella determinazione delle scelte individuali e nella promozione del proprio benessere; le tematiche di fondo riguardano la comprensione dei fattori psicologici che sono insiti in ogni persona e che ne condizionano il modo di essere. Attraverso la narrazione di storie della vita quotidiana ho cercato di delineare un quadro completo delle problematiche della psicologia moderna, sottolineando l'importanza di considerare con attenzione gli aspetti positivi della personalità.

Nel rileggere le storie degli individui si ritrovano le ragioni delle scelte personali e il grado di consapevolezza rispetto a esse; ciò consente di costruire una visione unitaria dei fattori psicologici alla base del comportamento umano e di evidenziare il ruolo centrale della mente, nei suoi aspetti cognitivi ed emotivi, rispetto alla strutturazione della personalità. Il messaggio vuole essere un invito a guardare al futuro con un ottimismo che fonda le sue ragioni nell'impegno quotidiano ad acquisire una maggiore consapevolezza del proprio essere e gli strumenti psicologici necessari a gestire nel modo migliore le proprie risorse.

L'augurio è che ciascuno possa imparare, attraverso un allenamento continuo – il *fitness cognitivo-emotivo* – a esprimere il meglio di sé nel corso della vita.

Salerno, gennaio 2010   **Ferdinando Pellegrino**

Indice

Introduzione

Per molti anni la psicologia e la psichiatria hanno focalizzato l'attenzione sulla sofferenza psichica della persona nelle sue diverse espressioni cliniche, dalle forme di disagio psicologico ai disturbi psichiatrici propriamente detti. Vi era l'esigenza di comprendere la natura di questa sofferenza e di identificarne le cause, al fine di elaborare strategie di trattamento in grado di contenere il disagio e di limitare la compromissione della funzionalità del soggetto.

Oggi si è in grado di gestire con efficacia molti disturbi psichiatrici grazie all'utilizzo di strumenti farmacologici e psicologici; anche patologie gravi, come la schizofrenia, trovano risposte appropriate, in grado di mitigarne gli effetti e, in molti casi, di garantire al paziente una buona qualità della vita. Molte patologie psichiche ricevono quindi risposte terapeutiche efficaci, che hanno contribuito nel tempo a modificare l'aspetto stesso della patologia e a dare allo specialista una maggiore sicurezza operativa e migliori livelli di soddisfazione professionale.

Rimane l'impotenza nei confronti della gravità con cui alcuni disturbi psichiatrici si manifestano, rimangono grossi limiti rispetto ad alcuni ambiti, come il suicidio, e ci si interroga su alcune aree psicopatologiche emergenti, come lo spettro dei disturbi del comportamento alimentare.

Il livello di interesse e di studio è, tuttavia, elevato e la connotazione scientifica con cui tali problemi vengono affrontati, in linea con la *medicina basata sulle evidenze*, certamente rappresenta una garanzia rispetto alla metodologia di ricerca utilizzata [1].

Altre aree di interesse stanno emergendo in risposta alla codificazione di nuovi bisogni assistenziali; la psichiatria e la psicologia si trovano a doversi occupare di problematiche psicologiche connesse, per esempio, ai trapianti d'organo, alla morte cerebrale o ai risvolti psicologici e psicopatologici di patologie croniche e invalidanti, come la sclerosi a placche e il morbo di Parkinson, o di quelle, come le neoplasie e le patologie cardiovascolari, in cui la prospettiva di vita è aumentata.

Aiutare una donna con un tumore al seno ad affrontare il percorso di malattia dal punto di vista psicologico è fondamentale quanto l'attuazione del trattamento medico; allo stesso modo è necessario occuparsi del benessere psicologico del paziente infartuato onde evitare lo sviluppo di quadri ansiosi o depressivi che possano invalidarlo e limitarne la qualità della vita.

Vi è quindi, complessivamente, una buona consapevolezza dell'efficacia delle cure nei confronti della sofferenza psichica e vi è un maggiore ottimismo professionale, anche se arginato da vissuti di impotenza rispetto all'inadeguatezza delle risorse disponibili: pochi reparti ospedalieri hanno un servizio psicologico dedicato e pochi servizi di salute mentale territoriali hanno gli strumenti assistenziali – di natura più strettamente sociale – necessari a garantire una migliore gestione delle patologie psichiatriche.

Questa consapevolezza di efficacia professionale ha indotto alcuni studiosi negli ultimi decenni ad affrontare problematiche nuove, connesse allo sviluppo di strategie efficaci per il miglioramento del *ben-essere* personale, ponendo le basi della *psicologia del positivo* [2,3].

La riflessione che ha portato alla definizione delle risorse positive dell'individuo è nata dall'osservazione della realtà: se è vero che alcune persone soccombono alle nevrosi è anche vero che la maggioranza degli esseri umani riesce a convivere con lo stress. Inoltre alcune persone riescono a superare con forza e determinazione situazioni traumatiche estreme e persistenti – come può essere la permanenza in un campo di concentramento – riuscendo a riprendere nelle proprie mani le redini della vita [4].

Le domande di partenza sono:
* quale ruolo ha la personalità nella gestione delle difficoltà della vita e nella progettazione del futuro?
* in che modo l'impegno, la perseveranza e le modalità di pensiero vengono utilizzate per raggiungere i propri obiettivi?
* quali sono i fattori che rendono l'individuo più forte e il suo agire più efficace nell'affrontare le vicende della vita?

L'interesse degli studiosi ha travalicato il modello del patologico – quello della sofferenza e del disagio psichico – per proporre un modello positivo – l'altra faccia della medaglia –, nell'intento di cogliere i fattori psicologici che rendono possibile un sano sviluppo della persona e la sua autorealizzazione [5].

L'osservazione si sposta quindi sui fattori positivi che rendono l'individuo proattivo e resiliente, valorizzando il ruolo della personalità nella determinazione delle scelte e nella progettazione del futuro.

Ne conseguono alcuni concetti fondamentali:
* la personalità ha un ruolo attivo nella crescita dell'individuo;
* l'inconscio è mancanza di consapevolezza: quanto più l'individuo è nevrotico tanto più è inconsapevole del proprio mondo interiore;
* è possibile acquisire una piena consapevolezza del proprio essere;
* l'emozione e la razionalità sono aspetti diversi ma sinergici dell'espressività della mente;
* l'autostima e l'autoefficacia esprimono la forza dell'Io;
* la mente umana è in grado di riorganizzarsi e ristrutturarsi anche in seguito a traumi intensi.

Si realizza così il superamento di ogni forma di dualismo e di contrapposizione, nell'intento di valorizzare la persona che agisce e reagisce nei confronti della vita attingendo a risorse emotive e cognitive quali espressione della forza della personalità, in un una visione unitaria della persona che ha in sé le potenzialità necessarie per accrescersi e autorealizzarsi.

Per il clinico si aprono scenari nuovi e interessanti:

- di fronte alla sofferenza sarà portato a valorizzare gli aspetti positivi e vitali di un individuo, anche rispetto a gravi patologie della mente;
- potrà lavorare in contesti non clinici – scuole, famiglie, aziende – con l'obiettivo di valorizzare e migliorare gli aspetti positivi della persona; attraverso programmi mirati può farsi promotore di stili di vita funzionali che rendono possibile una migliore qualità della vita.

L'uomo possiede grandi risorse psicologiche che favoriscono le sue potenzialità adattive, consentendogli di affrontare con decisione ogni difficoltà [6].

La personalità matura ha le sue radici nella famiglia, nei rapporti primordiali che si instaurano con le figure genitoriali e, successivamente, con ogni altra figura di riferimento.

La promozione del *ben-essere* si colloca in contrapposizione a una cultura che stimola l'adozione di stili di vita disfunzionali e favorisce comportamenti che tendono a compromettere la salute dell'individuo; se l'impegno della medicina è di ridurre la disabilità derivante dall'insorgenza di patologie fisiche o psichiche, non si possono ignorare i dati riguardanti la disabilità derivante dal comportamento umano.

Questi comportamenti – fumo di sigaretta, abuso di alcolici o droghe, alimentazione incontrollata, aggressività, violenza – alimentano il senso di impotenza e favoriscono l'insorgenza di patologie fisiche e psichiche.

Nessuna terapia può essere efficace e nessun programma di prevenzione può risultare utile se non si promuove un migliore utilizzo delle risorse umane: conoscere le potenzialità della mente, nei suoi aspetti cognitivi ed emotivi, non può che favorire questo processo di autoconsapevolezza che è alla base della strutturazione positiva della personalità.

La personalità

1

1.1
Concetti introduttivi

Caso 1

Giulio ha imparato a convivere da molti anni con una situazione lavorativa difficile e impegnativa; tecnico di laboratorio in una grande azienda, ha sempre lavorato con spirito di collaborazione e sacrificio.

I suoi quarant'anni sono stati ben spesi, ha una bella famiglia e una casa che ha acquistato di recente proprio grazie ai sacrifici fatti e impegnando, per il mutuo, una parte dello stipendio; la moglie non lavora: pur essendo laureata in giurisprudenza non ha mai cercato un lavoro, condividendo con Giulio l'importanza di dedicare ogni risorsa ai due figli da poco maggiorenni.

Nel corso degli anni Giulio non si è risparmiato nei confronti dell'azienda, con impegni orari extra-contrattuali e non retribuiti e con piena assunzione di responsabilità anche per mansioni non strettamente connesse al proprio ruolo. Si è assunto per anni responsabilità che non gli competevano sia per favorire il suo diretto superiore, molto abile nel lasciare gli impegni maggiori agli altri, sia per un senso di venerazione nei confronti del suo ideale di azienda. Riteneva il proprio ruolo importante e dava per scontato il suo maggiore impegno, quasi un dovere *(dovevo seguire tutto io... dovevo garantire che tutto funzionasse per il meglio... doveva essere tutto perfetto...)*, un atto dovuto all'azienda, indipendentemente da ogni altra considerazione. Descritto come una persona buona, rispettosa, remissiva, incapace di far del male agli altri, è stato sempre pronto e disponibile per chiunque, sia in ambito lavorativo sia familiare e sociale; non ha mai avuto grosse pretese e aspirazioni; impegnato nel lavoro e attento alle esigenze della famiglia, era contento di come andavano le cose e in fondo anche la situazione lavorativa gli stava bene. Non ha mai ritenuto opportuno avanzare richieste nei confronti del suo superiore né dell'azienda, si è sempre accontentato di come veniva trattato, in fondo si sentiva gratificato e, per certi versi, gli bastava il sostegno della sua famiglia che non gli ha mai creato problemi e preoccupazioni.

Il problema è insorto quando l'azienda, per un certo periodo, ha dovuto ricorrere alla cassa integrazione inserendo anche Giulio nell'elenco dei dipendenti che ne dovevano usufruire; ciò ha comportato l'insorgere di un quadro depressivo di particolare gravità. Pur sapendo che si sarebbe trattato di

Personalità e autoefficacia. Ferdinando Pellegrino
© Springer-Verlag Italia 2010

un provvedimento transitorio che avrebbe riguardato un numero cospicuo di dipendenti, Giulio ha reagito allontanandosi da tutto e da tutti, rimanendo al di fuori di ogni relazione. La sua reazione depressiva è stata motivo di forte preoccupazione per la famiglia e per gli amici ed è stato necessario un periodo di circa un anno di terapia; ora Giulio sta meglio, ha ripreso a lavorare e l'azienda si sta riprendendo dalla crisi, anche se ci vorrà del tempo.

Caso 2

Alessandra ha da poco intrapreso una nuova attività, ha trovato lavoro come segretaria in un centro di chirurgia estetica, ha 35 anni ed è sposata da quattro con Antonio, operaio presso un'impresa di costruzioni. Ha una figlia di tre anni e vive con la suocera, con cui si relaziona molto bene e a cui è molto legata, avendo perso di recente sia il padre che la madre: il padre per un infarto cardiaco, la madre per un tumore allo stomaco. Alessandra è una ragazza vivace, piena di vita, si relaziona molto bene con gli altri, ha un buon rapporto con Antonio che descrive come "il ragazzo della sua vita" e che conosce da quando aveva 12 anni; la piccola Ilaria cresce bene, è vispa e si adatta a ogni situazione, è "la gioia di tutti"!

I problemi cominciano quando ad Alessandra viene diagnosticato un tumore al seno. Si è trattato di un reperto occasionale, per certi aspetti fortuito, in quanto è venuto fuori nel corso delle indagini che ha dovuto fare per accedere al nuovo lavoro. È iniziato così un periodo di grande sofferenza che a tutt'oggi, pur essendo la situazione sotto controllo dal punto di vista clinico, continua ad avere ripercussioni dal punto di vista psicologico.

Dopo la diagnosi Alessandra è andata a Milano dove è stata operata nel giro di poche settimane, ha quindi dovuto seguire una terapia medica con l'indicazione di sottoporsi a periodici controlli clinici, un monitoraggio standard, nulla che possa o debba far preoccupare più del dovuto. Ma Alessandra non ha accettato la malattia e vive con il continuo terrore che il tumore "possa ricrescere"; ha sviluppato un quadro ansioso e, in particolare, non trova più pace, ha necessità di essere rassicurata e continua a chiedere consultazioni specialistiche, è alla ricerca di continue conferme sul suo stato di salute. Oltre a girare l'Italia alla ricerca dello specialista più bravo e a spendere molti soldi per queste consulenze, non riesce ad assicurare una continuità lavorativa e soprattutto non riesce a essere vicina a Ilaria, che sta risentendo molto del comportamento iperattivo e non finalizzato della madre.

Alessandra ha ora intrapreso una terapia psicologica e, anche grazie al sostegno familiare, sta progressivamente riprendendo fiducia nella vita e rasserenandosi rispetto al futuro.

Caso 3

Claudio ha da poco conosciuto una donna di 28 anni, Sonia, e ne è fortemente innamorato: ha iniziato una splendida storia d'amore e sembra essere entrato in una nuova stagione; ha completamente abbandonato i suoi riferimenti e le responsabilità attuali e vive solo in funzione di questa storia. Claudio ha 55 anni, è sposato con Sandra e ha tre figli di 11, 15 e 17 anni, ma sembra che tutto questo non gli interessi più, o per meglio dire, vorrebbe organizzare la sua vita andando a vivere – come ha fatto – con Sonia in un'altra città per far ritorno a casa nel fine settimana e ritrovare la sua famiglia. È un libero professionista; abituato a lavorare in più città non ha avuto difficoltà a trovare lavoro e sistemazione lontano da casa; ha organizzato il tutto senza consultare nessuno, in piena autonomia, ritenendo forse di non dover dar conto a nessuno, né ai figli, né alla moglie, che mi ha consultato in quanto presa alla sprovvista dal comportamento di Claudio. Non avrebbe mai immaginato tutto questo, si rammarica perché negli ultimi anni, per problemi di salute e di impegni lavorativi, non è stata attenta e premurosa con lui, ma ciò non giustifica ciò che sta accadendo.

È come se Claudio stesse vivendo una nuova adolescenza, completamente deresponsabilizzato rispetto alla famiglia non sembra avere alcuna consapevolezza delle conseguenze derivanti dal proprio comportamento; non pare che il distacco dai figli lo condizioni più di tanto, né che sia preoccupato per le inevitabili conseguenze sul piano legale.

Caso 4

Per Cinzia invece l'amore che ha scoperto a 45 anni è solo fonte di sofferenza: ha conosciuto di recente Patrizio e si è innamorata; sposata e con due figli di 6 e 9 anni, gestisce un negozio di articoli per la casa, ha sempre lavorato e dedicato ogni interesse alla famiglia. Ha un buon rapporto con il marito che descrive con un uomo mite, tranquillo, che lavora con lei nel negozio e "non le crea nessun problema", la lascia libera; sostanzialmente però è lei a occuparsi di ogni problema relativo alla famiglia e al negozio. Questa responsabilità le dà un certo orgoglio; Cinzia si riconosce autonoma, decisa, ha consapevolezza del ruolo marginale del marito ed è per questo che non vuole che "la sua storia" si ripercuota sul management familiare e lavorativo. In ciò è discreta, gli incontri con Patrizio sono saltuari, mediamente 3-4 volte al mese, ma l'intensità del rapporto condiziona il suo stato d'animo ed è motivo di sofferenza; vorrebbe vederlo di più, si sentono continuamente al telefono, molti sms, momenti di forte gelosia (*Patrizio è sposato... so che non dovrei essere gelosa... ma è più forte di me*); così come descritta sembra un'appassionante storia d'amore vissuta con intensità (*ho anche difficoltà a dormire... Patrizio è sempre presente nei miei pensieri... non avevo mai provato emozioni così forti...*).

Cinzia sta vivendo un momento di crisi, ciò la fa stare male, si rende conto di aver dato troppo spazio a questa storia e di aver creato problemi anche a Patrizio che negli ultimi mesi è meno disponibile, "più razionale e freddo". Tutto ciò è ulteriore fonte di disagio, anche se complessivamente Cinzia conserva un'apparente buona funzionalità familiare e lavorativa.

Che cosa condiziona le scelte delle persone? Perché rispetto ai problemi della vita si adottano scelte diverse e stili comportamentali a volte incoerenti e autolesionistici? Cosa caratterizza il modo di essere di un individuo? È possibile prevedere il comportamento delle persone e comprenderne il modo di pensare e di essere?

Quanto concorrono alla comprensione del comportamento umano i fattori genetici, psicologici, familiari, lavorativi e sociali?

Alcuni individui di fronte ai problemi si paralizzano, assumono un atteggiamento regressivo, si nascondono in un angolo ed evitano qualsiasi iniziativa; attendono che il peggio passi e accettano passivamente ogni conseguenza. Tendono a subire passivamente gli eventi, rimangono impauriti, privi di forza, non accettano l'idea che il mondo sia in continuo cambiamento e non hanno capacità di adattamento (Tabella 1.1).

Altre persone invece corrono senza una meta precisa: di fronte ai problemi vanno alla ricerca della soluzione magica, non riescono a rasserenarsi, ad accettare la realtà, credono nei sogni, si illudono, non accettano il "dato di fatto". Non si rassegnano, ma disperdono ogni energia in questa corsa alla ricerca della sicurezza e della risposta ai propri problemi; non hanno consapevolezza della propria debolezza e insicurezza, non accettano l'idea che la vita possa avere degli imprevisti.

C'è poi, invece, chi ignora i problemi, non li riconosce, si lascia guidare dalle emozioni rischiando di compromettere anni di lavoro e responsabilità; pur avendo

Tabella 1.1 Eventi della vita e comportamento

Gli eventi psicosociali stressanti (o *life events*) hanno un ruolo importante nella patogenesi dei disturbi psichici e alcuni studiosi hanno cercato di graduare il loro impatto sull'individuo.
Tra essi:
- matrimonio, nascita di un figlio;
- modifica sostanziale delle condizioni di lavoro;
- morte di una persona cara;
- licenziamento, pensionamento;
- insuccesso scolastico;
- difficoltà economiche, debiti;
- acquisto di una casa, trasloco, trasferimento in un altro paese;
- grave malattia fisica, ricovero in ospedale e interventi chirurgici;
- aborto (procurato o spontaneo);
- fidanzamento, rottura del fidanzamento, divorzio, riconciliazione coniugale;
- problemi legali, carcerazione;
- relazione extraconiugale del partner o del soggetto stesso;
- furto di oggetti personali.

Non è possibile attribuire un peso assoluto a ogni singolo evento, in quanto l'effetto sull'individuo è proporzionato alla sua capacità di risposta e di adattamento; tale risposta è in relazione al significato che l'evento ha per il soggetto.
Eventi multipli e persistenti hanno maggiori possibilità di causare condizioni di disagio psichico.

---

avuto sempre un comportamento lineare e responsabile, alcune persone all'improvviso sembrano perdere ogni forma di razionalità e senso di responsabilità. D'un tratto prevale l'impeto delle emozioni, con l'adozione di comportamenti disfunzionali e talvolta autodistruttivi; nelle loro scelte non vi è razionalità e la progettualità futura sembra nascere dall'irrompere di forze emotive in netta contrapposizione con la vita condotta fino a quel momento. Improvvisamente, disconoscono ogni impegno assumendo stili di vita disadattivi, quasi espressione della rottura di un equilibrio interiore e dell'incapacità di affrontare con ragionevolezza le situazioni della vita.

Il comportamento umano trova ampio spazio nella letteratura scientifica contemporanea e le sue ragioni non sono ancora del tutto chiare, ma ciò che sappiamo con certezza è che la personalità ha un ruolo determinante nella sua genesi.

Non è semplicemente questione di volontà [7]. La volontà non è un muscolo che si può tenere in allenamento e non si tratta di farcela o non farcela, resistere o non resistere, impegnarsi o meno, assumersi responsabilità o lasciarsi guidare dalle emozioni (Tabella 1.2).

Le scelte di una persona sono espressione della sua personalità e del suo modo di essere [8] e, anche se apparentemente illogica, ogni scelta possiede motivazioni profonde che nascono proprio dalla personalità, vera chiave di lettura del comportamento umano.

Tabella 1.2 Fattori che condizionano le scelte personali

Il comportamento umano è complesso e difficile da comprendere e non dipende semplicemente dalla *volontà*; molti sono i fattori che condizionano le scelte personali.

- Le *emozioni*. Esse nascono improvvisamente ed hanno un carattere temporaneo. Se non le sappiamo riconoscere e gestire, possiamo fare delle scelte non appropriate.
- Il *tempo*. Questa dimensione può ingannarci; nel momento delle scelte un orizzonte temporale ampio ci dirige verso progetti a lungo termine, il suo restringimento va a favore di opzioni di breve durata.
- La modalità di *pensiero*. Occorre essere attenti a valutare le cose da vari punti di vista; alcune cognizioni possono essere distorte con inevitabili conseguenze sul piano comportamentale.
- Le *situazioni*. I comportamenti di una persona possono variare enormemente da una situazione all'altra mentre in situazioni simili persone diverse agiscono in maniera diversa.
- Fattori *individuali* e *ambientali*. Né la personalità né la situazione determinano in maniera esclusiva le scelte personali, ma la loro interazione.
- La *crisi*. È bene evitare di prendere decisioni quando si è in crisi, l'urgenza non aiuta a decidere bene ma predispone a preferire l'azione immediata rispetto all'azione differita, il che causa un cortocircuito nella raccolta e valutazione delle informazioni.

1.2
Come definire la personalità

Caso 5

Rosalia ha avuto il coraggio di troncare una relazione fatta di soprusi e violenza: da circa cinque anni conviveva con Antonio, un uomo apparentemente sereno e gentile, "una brava persona, un impiegato modello". Solo col tempo ha scoperto che Antonio abusava di alcolici e che sotto quell'apparenza si nascondeva una persona violenta e aggressiva, tanto da renderle la vita un inferno.

Dopo due mesi di vita autonoma non ha resistito alle insistenze di Antonio ed è tornata a vivere insieme a lui, il quale le ha promesso che si sarebbe comportato bene e non avrebbe più abusato di alcolici; la promessa è durata poco e Rosalia continua, a distanza di anni, a subire ogni sorta di violenza senza riuscire a distaccarsi da Antonio, nonostante altri brevi periodi di allontanamento da casa.

Pur desiderando una vita libera, autonoma, Rosalia non riesce a trovare la forza di essere ferma nelle proprie decisioni, ritorna sui suoi passi, non è in grado di operare una scelta definitiva e di ricostruirsi una vita, si lascia impietosire, continuando a ripetere gli stessi errori del passato.

La psicologia moderna ha evidenziato il ruolo centrale della personalità nella determinazione delle scelte e del comportamento umano.

Come possiamo definire la personalità?

È semplicemente il modo di essere di una persona: la sua modalità usuale di agire e reagire nei confronti della vita, il suo adattamento unico al proprio ambiente.

"Non esistono due individui che abbiano lo stesso adattamento al loro ambiente, e pertanto non ci sono due individui con la stessa personalità" [9].

Tale approccio, definito *multidimensionale* o *biopsicosociale* valorizza, in modo dinamico ed equilibrato, sia gli aspetti biologici che ambientali dell'individuo, evitando ogni contrapposizione o prevalenza dell'uno o dell'altro.

Alcuni principi ci aiutano a definire meglio il concetto di personalità.

- Ogni individuo presenta caratteristiche peculiari di personalità stabili nel tempo, difficili da modificare. È l'assetto base del comportamento della persona, il suo modo di essere, quelle caratteristiche che gli altri tendono a evidenziare in noi (*è timido, è introverso, è una persona che facilmente perde le staffe...*) e che, messe insieme, ci aiutano a comprendere i fattori essenziali di quella persona.
- La lettura della storia di una persona fornisce gli elementi chiave delle caratterizzazioni fondanti la sua personalità; il modo di essere di un individuo rappresenta l'epilogo delle sue vicende individuali, familiari, lavorative e sociali.
- Lo stile di vita di un individuo rappresenta l'espressione diretta della sua personalità; ogni scelta, programma, iniziativa o fallimento sono strettamente correlati a esso.

Man mano che l'individuo cresce aumenta la complessità del suo comportamento, finché questo non si stabilizza, fino a quando l'individuo stesso non assume un modo di essere più o meno costante che riassume e rispecchia le caratteristiche fondamentali della sua personalità [10].

La psicologia ha sempre ritenuto che la persona adulta abbia un'identità acquisita precisa, una personalità stabile e difficile da modificare e che ogni cambiamento sia possibile solo fino a una certa età e in certe condizioni.

Oggi prevale l'idea che la personalità, pur avendo, entro certi limiti, caratteristiche stabili, possieda anche potenzialità di cambiamento e di progresso; ciò favorisce una visione positiva della vita e delle possibilità di confrontarsi costantemente con l'ambiente in cui si vive, traendone stimoli infiniti. Questi comportano una modificazione del modo di essere dell'individuo nei confronti di se stesso e degli altri: "noi pensiamo al cervello non come a una struttura completamente formata ma come a un processo dinamico continuamente soggetto a sviluppo e ricostruzione costanti lungo tutta la vita" [11].

Di fronte alla dinamicità della vita l'individuo si muove con assertività e fermezza, conservando una linearità di comportamento che si coniuga con la dovuta flessibilità – capacità di adattamento – in risposta agli eventi.

Tale adattamento non è un'accettazione incondizionata di ciò che accade intorno a noi, quanto un attento scambio di informazioni con l'ambiente esterno che ci consente di anticipare gli eventi e di adottare misure efficaci di cambiamento.

La consapevolezza dell'essere sostiene la personalità e la rende sensibile al cambiamento; la persona matura conserva nel tempo una solida stabilità e non si lascia condizionare dagli eventi: "... nell'affrontare questa sfida – e state certi che ce la faremo – è più che mai importante ricordarci chi siamo veramente" [12].

Rimanere se stessi in un mondo che cambia, senza perdere di vista la continuità storica del proprio essere, rappresenta lo sforzo costante con cui ognuno deve confrontarsi quotidianamente; la forza della personalità dà ragione della grande potenzialità della mente di muoversi con agilità nel labirinto della vita con coraggio e autonomia [13].

Caso 6

Susy mi ha chiesto una consulenza in un momento di grande smarrimento, sia emotivo che razionale; si è sposata due anni fa e ha una bimba di un anno; da circa due mesi ha perso il marito in un incidente sul lavoro, una tragedia che si è consumata all'improvviso, in un momento di grande serenità familiare e di prosperità dell'azienda gestita dal marito: "Ho perso tutto quello che avevo – racconta Susy – non ho più niente, mi sento devastata sul piano psicologico e non riesco a capire perché mai è toccato proprio a me, non lo meritavo".
Il futuro di Susy appare vuoto, pensa alla figlia e alla necessità di assicurarle un minimo di serenità, non ha alcun supporto familiare, i suoi genitori sono anziani e i familiari del marito vivono in un'altra città.
Per Susy si apre uno scenario nuovo, inatteso, nato da una tragedia che in un attimo ha infranto i suoi sogni.

Rispetto a certe situazioni anche lo specialista può fare ben poco ma, sin dal primo colloquio, avevo colto la forza e la dignità con cui Susy si immaginava di affrontare il futuro; c'era qualcosa che la rendeva solida, fiera di sé e responsabile.

Mi sorprendeva la sua voglia di vivere, di aiutare se stessa e la figlia a conservare la dovuta serenità per operare scelte ponderate, il suo non volersi arrendere nei confronti della vita. Ha così rilevato l'azienda del marito e ne ha continuato l'attività, non senza sacrificio ma con determinazione e coraggio.

Si è rimessa in discussione, ha dovuto imparare tante cose e ha dovuto delimitare il suo campo di fiducia, indispensabile per pianificare investimenti e garantire il buon andamento dell'azienda.

Questo è un esempio di come una buona struttura di personalità contribuisca in modo determinante ad affrontare gli eventi della vita e a tracciare un percorso personale di autoconsapevolezza; molto più spesso proprio nei momenti di crisi l'individuo tende a smarrirsi, a non accettare le evidenze, a non assumersi le responsabilità che ogni scelta comporta.

La forza della personalità, la sua maturità, trova concretezza nella capacità di autonomia dell'individuo e nelle sue forze motivazionali.

L'autonomia funzionale e la motivazione 2

2.1
Autonomia

Caso 1

Gianluca ha 26 anni, ha deciso di riprendere gli studi universitari, si è iscritto al corso di laurea in Economia aziendale, vuole iniziare il nuovo anno con buoni propositi ed è consapevole delle difficoltà che dovrà affrontare, anche perché è reduce da scelte che lui stesso definisce "affrettate e non oculate".

Gianluca è figlio unico e ha conseguito la maturità classica con ottimi voti; ha una famiglia tranquilla; i genitori – entrambi operai presso un'azienda di materiale plastico – lo hanno sempre assecondato e sostenuto nelle scelte, anche se oggi appaiono preoccupati perché lo vedono insicuro e indeciso e hanno difficoltà ad assumere un comportamento che possa essergli di aiuto. Dopo il liceo si è iscritto alla facoltà di giurisprudenza, in tre anni non ha sostenuto nessun esame, non è riuscito a essere costante negli studi, a seguire con attenzione le lezioni, non ha saputo conciliare lo studio con il divertimento.

L'università gli è apparsa come un contenitore anonimo, non è riuscito ad aggrapparsi a nulla; mentre il liceo gli aveva offerto una corazza di protezione che lo faceva perseverare negli studi, la dispersione dell'ambiente universitario lo ha messo in crisi. Non era più contenuto, osservato, ascoltato, si è ritrovato solo con le sue responsabilità; ha pensato che si potesse rinviare lo studio all'indomani, che avrebbe potuto sostenere gli esami senza seguire i corsi e che avrebbe potuto dare la precedenza ad altre iniziative, come uscire con la ragazza tutte le sere e rientrare tardi. Sentendosi in difficoltà Gianluca ha chiesto ai genitori di aiutarlo a cercare un lavoro e l'opportunità si è avuta grazie a un amico del padre, che è riuscito a farlo assumere – con un contratto a tempo indeterminato – presso una cooperativa di servizi. Meglio lavorare che rimanere all'università senza profitto, questa era la considerazione che aveva condiviso con i genitori, ma non aveva fatto i conti con la durezza e la costanza che richiedeva l'attività lavorativa; ha iniziato ben presto ad assentarsi dal lavoro dietro presentazione di continue certificazioni mediche e alla fine è stato licenziato.

Ora vuole "riprovare" con l'università, si sente tranquillo perché ha il sostegno dei genitori, è convinto di potercela fare, ne è convinta anche la sua ragazza, le intenzioni sono buone e anche la "volontà", è sicuro che questa volta ce la farà.

Personalità e autoefficacia. Ferdinando Pellegrino
© Springer-Verlag Italia 2010

2

Caso 2

Non vanno meglio le cose a Stefano, 28 anni, un ragazzo intelligente che lavora nell'azienda del padre. Quest'ultimo vive con un'altra donna, avendo lasciato la moglie e chiesto il divorzio quando Stefano aveva dieci anni; non è stato un divorzio semplice, vi sono stati anni di battaglie legali, anche legate agli interessi dell'azienda, che hanno esasperato un po' tutti. Stefano ha due fratelli che hanno preferito cercare lavoro altrove e vivere in piena autonomia; si sono trasferiti in un'altra città e hanno interrotto ogni rapporto con il padre, conservando invece un buon rapporto con la madre. Dopo il liceo scientifico Stefano non ha voluto proseguire gli studi ma ha preferito lavorare con il padre; lo ha sempre considerato un punto di riferimento, ma non ha mai lasciato la madre con cui continua a vivere.

Stefano è un ragazzo fragile, non ha le idee chiare né obiettivi precisi e all'interno dell'azienda nel corso degli anni non è riuscito a ritagliarsi uno spazio di autonomia; ancora oggi sostiene di non essere proprio sicuro della scelta fatta, ma che comunque non ha alternative, non saprebbe cos'altro fare; si mostra apatico e disinteressato, vorrebbe essere "come il padre" ma fa ben poco per comprendere i problemi dell'azienda e le dinamiche che la caratterizzano. Le sue continue assenze dal lavoro confermano quest'atteggiamento di base, che ora è fonte di insoddisfazione e di lamentele.

Caso 3

Anche per Manuela la situazione familiare e lavorativa si presenta statica e priva di prospettive; ha 24 anni ed è iscritta a Economia e commercio, ma non riesce a essere costante negli studi. Aveva iniziato bene e nel contempo riusciva a frequentare lo studio di un commercialista perché riteneva la pratica professionale indispensabile e di ausilio allo studio, ma in seguito non è stata più in grado di sostenere i ritmi universitari.

In realtà è da quando si è fidanzata che ha iniziato a trascurare gli impegni universitari; il rapporto con Piero la condiziona molto, ha dovuto lasciare il lavoro in seguito a una sua scenata di gelosia e deve limitarsi, per gli stessi motivi, a frequentare l'università per il tempo strettamente connesso alle lezioni; Piero è geloso e possessivo e non vuole che Manuela abbia rapporti di amicizia con altre persone.

Il clima familiare si è fatto pesante, i litigi tra i due sono all'ordine del giorno ma Manuela è convinta che sia Piero l'uomo della sua vita, tende a giustificarlo e a considerare le sue manifestazioni di gelosia come l'espressione del suo amore. Un barlume di consapevolezza si è manifestato quando, in seguito all'ennesimo litigio, ha deciso di troncare la relazione e di consultare – su consiglio della cugina – uno psicologo. Manuela è una ragazza intelligente ma priva di determinazione e facilmente condizionabile; le sue idee rispetto al futuro sono buone ma non sostenute da una sufficiente motivazione; i progetti a lungo termine sono oscurati dall'attualità dell'esperienza di innamoramento, che sembra aver sconvolto ogni impegno e progettualità futura.

Il problema consiste nel definire la sua autonomia affettiva e i suoi impegni futuri: nel periodo di separazione sembrava aver ritrovato una buona serenità ma il tutto è durato poco, infatti è ritornata con il suo ragazzo, ha ripreso a vivere la sua storia d'amore – con tutte le conflittualità connesse – e ha interrotto l'impegno introspettivo iniziato con lo psicoterapeuta.

Uno dei fattori che condiziona in termini negativi la vita di una persona è la mancanza di autonomia e la presenza di una dipendenza psicologica da persone o cose.

La persona matura ha ben chiari i confini del proprio essere ed è in grado di assumere decisioni importanti con un elevato livello di autonomia; molte forme di disagio psicologico nascono proprio dalla mancata realizzazione di questo stadio di autonomia, che ha le sue origini nella crescita dell'individuo.

Il bambino ha una forte dipendenza – *attaccamento* – dalle figure genitoriali che ne garantiscono la protezione e ne favoriscono il progressivo distacco; egli impara a esplorare l'ambiente con curiosità e a diventare sempre più autonomo, a camminare e a crearsi i propri spazi, il proprio ambiente.

Dal punto di vista psicologico il processo di crescita è caratterizzato dalla progressiva attitudine all'autonomia e alla sicurezza grazie a un'interazione costante e dinamica con l'ambiente da cui il bimbo viene a differenziarsi; questa determinazione del confine fra il Sé e l'ambiente rappresenta la base dei processi che condizionano lo sviluppo della personalità matura [11].

Ciò che sappiamo è che un ambiente familiare sereno e affettuoso contribuisce a diminuire le incertezze e lo stress, infonde sicurezza e favorisce la crescita e l'autonomia; madri disponibili, sensibili e capaci di intuire lo stato emotivo e i bisogni del proprio bambino accrescono e favoriscono il suo processo di maturazione – di *autonomia funzionale* – e consentono la piena espressività delle sue risorse, sia emotive che razionali.

Tale autonomia è fonte della capacità di progettualità futura e la maturità della personalità rispecchia il livello di autonomia funzionale raggiunto dall'individuo.

Chi è immaturo, dipendente, fragile e psicologicamente labile agisce in modo inconsapevole e vincolato a meccanismi regressivi che hanno la loro ragione nella distorsione del processo di crescita dell'individuo, con stagnazione di comportamenti e modalità di pensiero arcaico, infantile e disfunzionale, non adatto alla persona adulta e matura [9].

L'*autonomia funzionale* esprime la forza della personalità e la maturità dell'Io, rappresenta il parametro di riferimento delle motivazioni alla base della crescita dell'individuo e della sua progettualità.

Comprendere tali motivazioni, capire perché ci si comporta in un certo modo piuttosto che in un altro non è cosa semplice.

2.2
Motivazione

Perché un ragazzo sceglie di doparsi piuttosto che accettare i propri limiti e allenarsi con costanza e determinazione, senza sperare nell'aiuto di sostanze esterne?

Perché una ragazza deve accettare che la propria stabilità emotiva sia compromessa per seguire le emozioni che la legano a un ragazzo che non la rispetta e non l'aiuta a crescere?

Quali sono le motivazioni che spingono un soggetto a rincorrere mete illusorie, a sprecare ingenti risorse psicologiche senza raggiungere alcun grado di soddisfazione personale?

Sostanzialmente il campo della motivazione umana è ancora tutto da studiare, ha radici profonde ed è soggetto a numerose variabili individuali, familiari, lavorative e sociali; molto spazio è dato nella terapia psicologica alla comprensione delle motivazioni personali che sostengono il comportamento umano e che inducono a compiere determinate scelte [14].

In molti individui sono presenti fattori motivazionali che nascono da carenze affettive o da vuoti esistenziali difficili da colmare; l'interesse per gli altri o per determinate cose nasce da un vuoto interiore, da una mancanza di sicurezza e di autostima, dalla paura di stare da soli (*motivazione di mancanza*). In questi casi le relazioni familiari, sociali e gli impegni lavorativi rappresentano solo il tentativo di colmare questo vuoto interiore, nella speranza di accrescere il proprio livello di soddisfazione personale.

Il più delle volte tale operazione risulta fallimentare e le conseguenze sul piano psicologico appaiono inevitabili, poiché non si riesce a trarre soddisfazione dalla propria vita e a raggiungere livelli affettivi e cognitivi adeguati a sostenere il benessere individuale.

Se dentro la persona ci sono il vuoto, l'insicurezza, l'insoddisfazione, l'incertezza, la delusione, ogni scelta sarà riparatoria, non autentica, tesa a colmare un vuoto esistenziale che esprime la fragilità dell'Io e della sua personalità.

Molti disturbi psichici hanno origine da questa fragilità e solo la narrazione della storia dell'individuo, attraverso un adeguato percorso psicoterapeutico, può aiutare una persona a ritrovare la piena espressione della propria autenticità [4].

Avere invece una motivazione autentica e solida (*motivazione di sviluppo*) è una garanzia di serenità e autoefficacia; in questo caso l'operatività dell'individuo non è dovuta al bisogno nevrotico di riempire vuoti esistenziali o di nascondere conflitti e contraddizioni interiori, bensì al piacere di realizzare nella vita qualcosa di proficuo e utile, al piacere di crescere e sentirsi realizzato.

L'orizzonte temporale appare ampio, si è propensi ad accettare sacrifici pur di raggiungere determinate mete, ma senza l'ansia di dover arrivare primi; l'obiettivo principale è la gratificazione che deriva dall'impegnare il proprio tempo e le proprie risorse per la realizzazione di progetti scelti con consapevolezza.

Le difficoltà e le amarezze che si incontrano nella vita avranno il sapore della delusione, non della catastrofe, e potranno essere lette con spirito critico per migliorare nel tempo la propria capacità di autodeterminazione.

Le scelte sono dettate da un progetto di vita unitario e soddisfacente; avere obiettivi coerenti e ben definiti è la premessa da cui partire per affrontare ogni altro problema.

Nell'ansia i progetti appaiono indefiniti, ogni minima difficoltà diventa un problema insuperabile, il futuro preoccupa, può accadere di tutto; nella depressione invece il futuro è buio, non esiste, non c'è più nessuna speranza ma solo il disinteresse per l'ambiente circostante; tutto sembra inutile o forzato, tutto diventa una fatica insormontabile che non ha senso affrontare.

Molte ansie e depressioni hanno la loro radice nell'insicurezza dell'individuo e nella sua incapacità di sostenere obiettivi scelti con consapevolezza.

Il primo passo per accrescere la propria consapevolezza è imparare a riconoscere le proprie motivazioni, i propri desideri e definire gli obiettivi che si vogliono perseguire: per quale motivo accettiamo le sfide quotidiane? abbiamo la capacità di identificare gli obiettivi della nostra vita?

Corriamo per:

* vincere le Olimpiadi,
* raggiungere la persona che sta davanti,
* il piacere di correre e migliorare le nostre prestazioni?

Nella vita, come nello sport, gli obiettivi devono essere ben definiti [15]; è importante non darsi mete assolute, irrealizzabili, che richiedono sforzi non realistici e non sostenibili.

Occorre imparare a *correre bene, saper correre,* ad apprezzare lo sforzo che occorre sostenere per affrontare i problemi della vita [16]; ma soprattutto è fondamentale saper individuare gli obiettivi principali per cui correre, onde evitare delusioni e inutili sprechi di energia.

Qualsiasi attività lavorativa, relazione affettiva o iniziativa che si vuole intraprendere può essere ben sostenuta se si acquisisce un atteggiamento positivo; il piacere di fare una determinata cosa diventa fonte di soddisfazione e contribuisce a migliorare la definizione degli obiettivi.

La sofferenza psicologica è spesso sostenuta dalla fallacia degli obiettivi, dal non averli definiti in modo coerente e realistico, dal non accettare l'idea che essi possano variare nel tempo e che pertanto vanno ridefiniti periodicamente e ponderati in rapporto alle necessità.

L'intelligenza può essere spesa a rincorrere obiettivi fallaci, non coerenti con il proprio modo di essere; in molte occasioni la mancanza di autoconsapevolezza rispetto alla definizione degli stessi è alla base di scelte inopportune che mortificano l'individuo e la sua intelligenza [17,18].

Caso 4

Mario ha condiviso con Giustina gli anni migliori della sua vita; si sono conosciuti a una festa all'età di vent'anni, si sono laureati entrambi in giurisprudenza, hanno aperto uno studio legale, si sono sposati e hanno avuti due figli. La lieta storia è andata avanti fino a un anno fa, quando Giustina, che oggi ha 40 anni, ha deciso di interrompere ogni legame affettivo con Mario; si è ritrovata a vivere un'esperienza affettiva con un'altra persona che ha conosciuto tramite internet e che ora vede regolarmente.

Non ha avuto remore, ha parlato con Mario e gli ha esposto la sua situazione: ritiene di essere arrivata a un bivio, è disposta a continuare a sostenere gli impegni lavorativi e familiari – rispetto ai figli – ma vuole essere libera sul piano affettivo; il suo obiettivo ora è quello di godersi questa nuova relazione. Ogni altra considerazione è secondaria e non sembra vi siano margini per ulteriori contrattazioni. Giustina ha le idee chiare, Mario invece si è trovato a dover gestire una situazione che non avrebbe potuto immaginare; ora si interroga sul suo comportamento, sugli errori commessi, su cosa avrebbe potuto fare e non ha fatto per evitare che Giustina si innamorasse di un altro.

Non riesce a darsi pace e a riflettere su come affrontare le conseguenze delle scelte della moglie; da un lato vorrebbe iniziare la pratica di separazione, dall'altro teme di compromettere in modo definitivo il rapporto con Giustina.

Gli eventi della vita non sempre lasciano ampio spazio alle scelte personali, che spesso risentono di forti condizionamenti esterni; nella definizione dei propri obiet-

2

tivi occorre quindi considerare che le variabili da gestire sono numerose e che non
sempre è semplice riuscire ad avere le idee chiare.

I fattori esterni impongono un continuo processo di adattamento e non esiste la
scelta ideale o la soluzione che risolve ogni problema [19]; in realtà ogni scelta va
a iscriversi nella storia personale ed è piena assunzione di responsabilità.

Ciò che diventa snervante, come nel caso di Giustina e Mario, è la persistenza
di situazioni ambigue che si protraggono nel tempo in modo indefinito; sono tra-
scorsi già cinque anni e la storia continua con le sue problematicità e incoerenze.
Nessuno dei due è in grado di decidere e, dietro l'apparente tranquillità del lavoro
e della vita familiare, si nascondono la problematicità della vicenda e l'enorme dispendio di energia necessaria a sostenere un equilibrio così precario.

Caso 1

Franco ha un ruolo importante in amministrazione, è laureato in Economia e commercio, sposato e con due figli; lavora presso il Comune di un piccolo centro cittadino da diversi anni e ha sempre svolto con onestà intellettuale il proprio lavoro. Lavora con metodo, è puntuale e, grazie alla conoscenza di ogni normativa e alla sua capacità di tenersi aggiornato nel proprio ambito professionale, è diventato il punto di riferimento per tutti. Non ha mai avuto problemi relazionali, è una persona riservata, poco propensa allo scherzo, seriosa, ma sempre cortese e disponibile al dialogo; affronta i problemi con la dovuta competenza e difficilmente perde le staffe. Anche a casa ha un buon rapporto con la moglie e con i figli, con cui trascorre gran parte del tempo libero non avendo molti amici con cui condividere momenti di svago.

I problemi sono insorti da qualche anno, da quando si è insediato il nuovo sindaco, con cui non è riuscito a stabilire un buon rapporto poiché le direttive impartite non sono più in linea con le comuni regole del buon senso; Franco dovrebbe trovare "soluzioni alternative" e "poco trasparenti" ad alcuni atti amministrativi, cosa che non rientra nel suo modo di fare. È iniziata così una sottile, ma incisiva e persistente, opposizione da parte del sindaco, finalizzata a marginalizzare Franco per costringerlo a chiedere le dimissioni dal suo incarico e lasciare spazio a un collega più accondiscendente. Per Franco è iniziato un periodo di profonda sofferenza psicologica; da un lato sarebbe tentato di farsi avanti e chiarire la sua posizione, ma ciò gli causerebbe una serie di problemi di coscienza che non sarebbe in grado di gestire.

Lasciare tutto significherebbe perdere la sua posizione e ritrovarsi dopo anni di buon servizio in una condizione marginale, senza un ruolo definito e senza alcun potere contrattuale; il sostegno della famiglia è positivo, ma nel suo ambiente di lavoro vive una condizione di isolamento psicologico, fonte di frustrazione e di disagio. La maggior parte dei dipendenti si è schierata con la nuova amministrazione e ne sostiene gli intenti; lui ha l'impressione di essere dalla parte del torto e, anche se in fondo sa che è giusto mantenersi ligio al suo dovere professionale, spesso si domanda se questa sia la strada da seguire.

Soprattutto si chiede per quale motivo debba ritrovarsi, dopo tanti anni di servizio, a vivere una condizione di frustrazione così profonda.

Personalità e autoefficacia. Ferdinando Pellegrino
© Springer-Verlag Italia 2010

3

Caso 2

Raffaella ha sempre sognato di fare l'architetto, ha studiato con passione e si è laureata con il massimo dei voti; ha 34 anni e vive con i genitori a cui è molto legata, non ha mai avuto alcuna esperienza sentimentale ma ha un bel gruppo di amici con cui condivide intense esperienze di vita. Dopo la laurea ha trovato un buon lavoro presso una pubblica amministrazione, le è stato offerto un contratto a progetto e lei ha accettato con piacere, è il suo primo lavoro e l'entusiasmo è forte. Tuttavia si è resa ben presto conto della situazione lavorativa e di una serie di pressioni che gravano sull'ufficio dove lavora; Raffaella ha capito di trovarsI In un ambiente non gratificante sotto il profilo professionale. Ha legato molto bene con Guido, il dirigente del suo ufficio, il quale le ha confidato che con gli anni ha imparato a "convivere con il sistema", ad accettare "le regole del gioco" per sopravvivere e non perdere il posto di lavoro. Avrebbe potuto ribellarsi, ma non avrebbe avuto alcun senso, l'importante è di "non compromettersi troppo", di fare in modo di "non trovarsi nei guai".

Guido in fondo conserva l'immagine dell'impiegato modello, ma lascia trasparire la delusione di una vita trascorsa a logorarsi e a colludere con un sistema di cui "aveva dovuto accettare le regole" ma del quale, comunque, ha "condiviso gli obiettivi". Raffaella ha iniziato a percepire una forte sensazione di disagio, a sentirsi inadeguata e insoddisfatta, a rendersi conto che non avrebbe potuto crescere professionalmente e si è trovata a un bivio: lasciare il lavoro e cercarne un altro? Ma chi le avrebbe garantito un nuovo lavoro? E soprattutto, come avrebbe fatto a trovare un ambiente favorevole alla sua crescita professionale?

Il disagio è grande: da un lato vorrebbe continuare a lavorare cercando di stare attenta a eventuali alternative, perché ha bisogno di soldi e non può permettersi di rinunciare a questo lavoro, dall'altro il disagio crescente le procura problemi di ansia e somatizzazione, ma soprattutto di insoddisfazione e demotivazione umana e professionale.

Caso 3

Katia ha capito molto bene che non è possibile lavorare con correttezza professionale e con amore; ha quindi dovuto imparare a nascondersi la verità e a seguire le tendenze e le regole dell'ambiente di lavoro. Ha 42 anni e ha ottenuto l'incarico di dirigente scolastico in un piccolo paese. Per tanti anni ha insegnato con soddisfazione materie letterarie e ha sognato una dirigenza scolastica più efficace e determinata; è stata sempre molto attenta alle esigenze dei suoi alunni e in più occasioni ha sostenuto aspri confronti con i colleghi di lavoro e, avendo più volte cambiato sede, con i vari dirigenti scolastici. Accettando il nuovo incarico, nel suo animo ha prevalso l'entusiasmo: finalmente avrebbe potuto dare un impulso alla scuola e affrontare molti dei problemi che per anni l'avevano messa in crisi; ma l'entusiasmo è durato poco in quanto si è ritrovata di fronte a un muro insormontabile e all'interno di un'organizzazione pianificata e gestita dai suoi stessi collaboratori; osteggiata fin dall'inizio del suo mandato, Katia dice di non aver avuto alcuna possibilità di scelta, di aver dovuto accettare l'assetto organizzativo così come l'aveva trovato, senza alcuna possibilità di apportare modifiche o miglioramenti.

Katia ha razionalizzato il suo disagio, rimuovendolo e comportandosi in modo naturale, dicendo a se stessa che non è possibile modificare niente e che la realtà va accettata così com'è; ha trovato il modo di evitare situazioni di disagio psicologico, è riuscita a trovare un compromesso con se stessa e a evitare qualsiasi sforzo per comprendere e risolvere ogni questione organizzativa.

Quanto siamo liberi nelle scelte della vita? Quanto pensiamo di essere onesti con noi stessi? Quale impatto hanno le strutture organizzative – pubblica amministrazione, aziende ecc. – sulla libera espressione della professionalità dell'individuo?

In che modo subiamo condizionamenti e pressioni da parte dell'ambiente? Come riusciamo a contenerli e a gestirli?

Il ruolo della personalità è decisivo nel determinare le scelte individuali – *potere dispositivo* –, ma vi è anche un potere più o meno evidente – il *potere situazionale* – che può condizionare il modo di essere di una persona.

Studiato da Philip Zimbardo, l'impatto del potere situazionale sull'individuo è noto come l'*effetto Lucifero*: "un ampio corpus di prove fornite dalla psicologia sociale suffraga il concetto che in determinati contesti il *potere situazionale* trionfa su quello individuale" [20] e la maggior parte di noi tende a sopravvalutare l'importanza delle qualità personali e a sottovalutare quelle situazionali.

Lo studio dell'*effetto Lucifero* – sostiene Zimbardo – è un tentativo per comprendere i processi mentali che sostengono comportamenti di violenza, di prevaricazione e di abuso; per capire come una persona onesta e buona in determinate situazioni possa trasformarsi in un cattivo genitore o in un cattivo amministratore e quali fattori scalfiscano l'onestà intellettuale e la bontà degli intenti.

Gli interrogativi sono inquietanti, occorre riflettere sull'inadeguatezza delle conoscenze e sulla necessità di approfondire questo argomento. La maggior parte di noi conosce se stesso soltanto in base alla propria esperienza di vita, ma nessuno potrà mai sapere fino in fondo cosa gli potrebbe accadere se venisse esposto a contesti totalmente nuovi e insoliti, come un campo di concentramento, un ambiente lavorativo disorganizzato e malsano, una scuola dove prevale il bullismo o una famiglia dove domina la violenza.

"Il vostro vecchio Io – sostiene Zimbardo – potrebbe non funzionare come previsto quando cambiano le regole di base [...] possiamo imparare a diventare buoni o cattivi indipendentemente dalla nostra dotazione genetica, dalla personalità o dal retaggio familiare" [20].

Avendo una formazione centrata essenzialmente sulla psicologia individuale, ho sempre pensato e sostenuto che alla base del comportamento umano vi fosse la forza della personalità e la sua capacità di affermazione nel contesto familiare, lavorativo e sociale; le riflessioni e l'opera di Zimbardo sollecitano nuove domande e nuovi studi per comprendere in che modo rafforzare la persona per renderla meno influenzabile dalle forze situazionali.

Nelle nostre carceri, nelle scuole, negli ospedali e ovunque vi sia un'organizzazione esistono dinamiche psicologiche legate all'organizzazione stessa; sono norme invisibili, non scritte, ma dettate dall'atmosfera che si respira.

Se tutti sono disonesti e non pagano le tasse è difficile sostenere il valore dell'onestà, si è portati a imitare gli altri e a condividerne i comportamenti; se in un'organizzazione tutti si comportano allo stesso modo violando le regole, per esempio barando sulla rilevazione delle presenze tramite cartellino, è difficile sostenere nel tempo un comportamento onesto e, in percentuale, saranno poche le persone che continueranno a mantenere una certa coerenza e lealtà.

In queste situazioni è più facile attribuire la colpa agli altri, sentirsi deresponsabilizzati *(qui tutti si comportano allo stesso modo...)* e ignorare i comportamenti devianti per evitare conflitti e per sentirsi onesti con se stessi (*in fondo mi comporto come gli altri...*).

3

L'assetto generale della società influisce sul comportamento umano: è difficile buttare una carta a terra in una città pulita o fumare in un luogo dove tutti rispettano il divieto di fumo, è difficile sostenere comportamenti sleali in contesti lavorativi sani e ben organizzati.

Oggi sappiamo che l'ambiente tende a condizionare l'individuo e a dirigerne il comportamento; tende anche a demotivarlo e a sostenere spinte psicologiche pessimistiche (*non cambierà mai nulla...*) che condizionano il benessere complessivo della società.

Se è vero che il condizionamento opera in termini negativi, è anche vero che forze esterne, quando positive, possono aiutare l'individuo a crescere in modo sano e forte, anche perché l'apprendimento umano si fonda molto sull'*esperienza vicaria* fornita dall'osservazione dei modelli [21] e dall'imitazione [11].

In futuro sarà necessaria una migliore comprensione del rapporto tra *potere disposizionale* e *potere situazionale* al fine di promuovere comportamenti più consapevoli.

Caso 4

Simona lavora in un reparto ospedaliero da circa sei anni, con un contratto a tempo determinato che le viene rinnovato ogni otto mesi; è specialista in ginecologia, sposata e con un figlio di 12 anni; il lavoro le piace e si è ben integrata sia con i colleghi sia con il personale infermieristico. Nel corso degli anni la sua professionalità si è consolidata; è riuscita anche a conciliare l'attività di reparto con la frequentazione – per quanto possibile – dell'università per prendere parte a ricerche nel campo della prevenzione della gestosi in gravidanza. Simona ha 37 anni e le precedenti esperienze lavorative condotte in strutture specialistiche private le avevano garantito una buona efficacia professionale in termini di prontezza e assertività, anche in situazioni di emergenza e urgenza. In seguito all'espletamento del concorso per l'assegnazione di un posto di dirigente medico, Simona si è ritrovata al secondo posto e di assunzione non se ne parla; anzi, ora rischia di ritrovarsi senza lavoro e questo è un problema, in quanto ha investito ogni risorsa nell'esperienza lavorativa attuale e non ha mai cercato altre soluzioni.

Il vissuto emotivo di Simona è di rabbia, non si aspettava di essere prevaricata da un collega sconosciuto, aveva sentito parlare di possibili pressioni al concorso ma non avrebbe mai immaginato di ritrovarsi dopo anni di lavoro con un nulla di fatto.

L'esperienza di Simona pone in evidenza una problematica attualissima che ritrovo come fattore demotivazionale nei pensieri dei tanti giovani, che mi consultano per problemi di disagio psicologico o che incontro nel corso di eventi formativi nelle scuole, e di professionisti che frequentano istituti di specializzazione in psicoterapia o corsi di aggiornamento professionale.

L'idea prevalente è di considerare il merito e la professionalità come parametri che hanno uno scarso valore rispetto alla tendenza del sistema a favorire altre logiche, come quella della *raccomandazione*.

La competizione è sana quando le regole del gioco sono chiare e vengono come tali rispettate; che si tratti di una nuova assunzione o di un avanzamento di carriera o dell'accesso a incarichi funzionali di particolare rilevanza, laddove la struttura organizzativa non garantisce trasparenza non si potrà mai realizzare un clima lavorativo positivo e stimolante, in grado di assicurare la crescita professionale degli operatori.

In questi casi gli effetti del sistema possono essere devastanti e condizionare il comportamento delle persone; infatti, dove le regole del gioco non sono chiare e prevalgono valutazioni soggettive, non misurabili oggettivamente, l'individuo ha maggiori difficoltà ad accettare un livello di competizione leale e professionale, tende più facilmente ad accettare il compromesso, con ricadute negative sulla propria efficacia professionale.

Ciò all'interno delle organizzazioni è anche fonte di stress, di disagio e di conflittualità [22]; nei reparti ospedalieri, nelle scuole e in molte aziende pubbliche o private esiste un livello di tensione elevato che rispecchia forti anomalie del clima organizzativo.

La competizione in questi ambienti non è leale e, dal piano professionale, converge su livelli personali, con accessi di conflittualità che arrivano a forme di aggressività fisica o di veri e propri sabotaggi perpetrati nei confronti dei colleghi o dei superiori.

Il problema del condizionamento in ambito lavorativo ha una certa rilevanza sociale, per gli alti costi che le amministrazioni devono sostenere per contenerlo e gestirlo; è noto come la valutazione del rischio psicosociale, che studia l'impatto del lavoro sull'individuo, sia di grande attualità [23] e molte aziende stanno concentrando i loro sforzi nel favorire organizzazioni più stabili e funzionali.

Personalità e contesto hanno quindi l'esigenza di dialogare e trovare un equilibrio funzionale che sia basato sul rispetto della persona e delle sue potenzialità umane e professionali; molte professionalità entrano in crisi per effetto della *dissonanza cognitiva*, in quanto si ritrovano a dover conciliare pretese organizzative e sociali col desiderio di esercitare con coscienza la propria professionalità.

Questo divario diventa spesso fonte di disagio e sofferenza interiore, di depressione, di demotivazione e pessimismo [24].

Infine, non sono da sottovalutare i *microcondizionamenti* cui l'individuo è sottoposto continuamente senza esserne consapevole; le abitudini che la pubblicità tende a inculcare, anche tramite messaggi subliminali, molti stili di vita disfunzionali – fumo di sigaretta, attitudine al *gambling*, facilità ingenua all'accesso di diete –, che vengono proposti senza alcun filtro, sono esempi di come l'ambiente tende a condizionare le scelte dell'individuo.

Tali condizionamenti mettono in luce la difficoltà di filtrare l'eccesso di stimolazioni cui si è sottoposti; ciò è fonte di stress e di disagio e induce a considerare la necessità di utilizzare strategie psicologiche atte a fronteggiare la molteplicità dei fattori stressanti.

Internet e la telefonia cellulare hanno, per esempio, profondamente modificato lo stile di vita delle persone e i primi effetti psicologici, come la *sindrome del blackberry fantasma* o la dipendenza da internet, vengono segnalati da più studiosi.

Si tratta di fenomeni che sfuggono a ogni controllo, innescano meccanismi psicologici che si autoalimentano e condizionano la vita delle persone, determinando la persistenza di elementi stressanti che con il tempo sostengono varie forme di disagio psicologico, difficili da rilevare e gestire.

3

 Lo stress che nasce dai condizionamenti ambientali è un fenomeno in costante crescita di cui non si conoscono ancora tutti gli effetti; ciò che preoccupa è la difficoltà delle persone di riconoscere tali fattori come stressanti e di limitarne gli effetti negativi.

La gestione dello stress

4

4.1
Stress

Caso 1

Al suo rientro da una tournée Paolo è stato costretto a fermarsi al primo autogrill per un improvviso malessere che lo ha molto spaventato; ha avuto la sensazione di "perdere i sensi", di "non poter respirare", di avere un "attacco cardiaco", come era successo al padre qualche mese prima. Ha quindi ripreso il viaggio, ma ha preferito fermarsi al primo centro abitato per farsi visitare al pronto soccorso ospedaliero, dove gli hanno diagnosticato un attacco di panico. Paolo ha lavorato tutta l'estate in giro per l'Italia insieme al suo piccolo gruppo musicale di cui è particolarmente fiero; una bella avventura che, iniziata da qualche anno, gli ha dato notorietà e gratificazione sul piano artistico ed economico. Paolo suona la chitarra con grande passione, ha 23 anni ed è fidanzato con una ragazza del suo paese di origine, ha sempre goduto di buona salute, non riesce a comprendere cosa sia successo e ha paura che l'attacco di panico possa ripresentarsi e condizionare la sua carriera musicale. È diventato irritabile, teso, preoccupato per il futuro, teme soprattutto l'insorgenza improvvisa e senza preavviso dei sintomi (*potrebbe succedermi anche mentre suono, come faccio a essere tranquillo?...*).

Ritiene di aver trascorso un'estate fantastica, è stata la prima tournée che li ha visti impegnati per tutta la stagione, è stato faticoso, ma la soddisfazione e la buona riuscita dei concerti hanno ripagato la fatica; ammette di aver esagerato, di non essersi riposato a sufficienza, di aver abusato di alcolici e spinelli e di aver avuto diverse opportunità con ragazze conosciute in occasione dei concerti.

La sua preoccupazione è di non essere in grado di gestire l'ansia e di prevenire il panico, esperienza che lui stesso definisce "devastante" dal punto di vista psicologico.

Caso 2

Giacomo, 19 anni, ha invece sviluppato un quadro ansioso che si manifesta soprattutto quando si reca all'università; ciò lo sorprende in quanto non ha mai avuto difficoltà nello studio, eppure non riesce più a concentrarsi come prima. Negli ultimi mesi, per il sopraggiungere di manifestazioni ansiose mentre era sull'autobus diretto all'università, ha iniziato a chiedere al padre di accompagnarlo per sentirsi più tranquillo. Lo stato d'ansia si è progressivamente accentuato, tanto che

4

Giacomo ha dovuto intraprendere un trattamento farmacologico e psicoterapeutico mirato al controllo della sintomatologia.

Giacomo ha sempre goduto di buona salute; descritto come un ragazzo timido, affettuoso, riservato, non avrebbe motivo per sentirsi in ansia; in famiglia non vi sono particolari conflitti, ha due fratelli con cui ha un buon rapporto e si relaziona anche molto bene con un gruppo di amici con cui è solito uscire. Ha difficoltà a frequentare le ragazze e non ha mai avuto una fidanzata, ma al momento sostiene che sia preferibile studiare piuttosto che crearsi altri problemi. Il rapporto con il padre è buono ed è molto legato anche alla madre; ha sempre sostenuto di sentirsi a disagio nel frequentare l'università, l'ambiente è "vasto e dispersivo" e i docenti non hanno propensione alla comprensione, al dialogo, arrivano tardi e dopo la lezione lasciano poco spazio alle domande (*ho l'impressione di essere semplicemente un numero di matricola* ...).

Giacomo era abituato a ricevere più attenzioni e a essere seguito con maggiore responsabilità; ora si sente smarrito e incapace di comprendere le dinamiche della vita universitaria; nutriva ancora l'idea del liceo, vissuto come ambiente accogliente e stimolante, e non aveva fatto i conti con una realtà completamente diversa e più difficile da gestire.

Caso 3

Patrizia ha 35 anni e all'improvviso ha avuto una crisi ipertensiva che, per fortuna, non ha portato conseguenze sul piano fisico; ha dovuto però iniziare un trattamento antipertensivo. Patrizia lavora in una farmacia, è laureata ed è sposata con Mario, un ragazzo che ha conosciuto all'università; hanno un figlio di due anni e di recente hanno cambiato casa. Hanno acquistato un nuovo appartamento, hanno dovuto farsi carico di un mutuo e chiedere un piccolo aiuto ai genitori; sono contenti della scelta fatta anche se dovranno fare molti sacrifici economici. Patrizia ha sempre goduto di buona salute, ma negli ultimi mesi era diventata più irritabile del solito e presentava frequenti mal di testa, "come una cappa, una sensazione di chiusura, di pesantezza". Il lavoro l'impegna molto e il guadagno non è proporzionato all'impegno richiesto; deve lavorare tutta la giornata e i margini di riposo sono minimi; deve fare turni anche di domenica, senza la possibilità di recupero dell'orario espletato, e infine le viene riconosciuto solo una parte dell'orario in regime di straordinario. A ciò si aggiungono gli impegni familiari e i sensi di colpa nei confronti della bimba (*le dedico poco tempo, e quando sono a casa mi sento stanca, per cui non riesco a darle l'affetto giusto...*), anche se l'aiuto della suocera la tranquillizza.

Ciò che pesa a Patrizia non è solo l'orario di lavoro ma l'arroganza e le pressioni del suo datore di lavoro, un farmacista di circa 70 anni, poco rispettoso dei suoi collaboratori, che rappresenta una continua fonte di stress ed è difficile da gestire sul piano relazionale.

A Patrizia è stato consigliato un periodo di riposo, sia per consentirle di recuperare le forze sul piano fisico e psichico, sia per sottoporsi a una serie di accertamenti per valutare meglio l'opportunità e l'appropriatezza del trattamento farmacologico.

Lo stress è ubiquitario e interessa la totalità della popolazione generale [25]; nella sua dimensione positiva (*eustress*) lo stress è indispensabile per la sopravvivenza in quanto fonte di curiosità, interesse, azione e motivazione [26].

Nella sua accezione negativa (*distress)* è invece fonte di disagio psicologico, di malessere, di sofferenza fisica; molte patologie tipiche della società moderna, come la *sindrome metabolica*, sono correlate a condizioni persistenti di stress.

Nella sua accezione più comune lo stress è considerato un nemico del *ben-esse-*

re, nella realtà dei fatti lo stress è un fenomeno multidimensionale che, se ben gestito, favorisce il raggiungimento di livelli di vita soddisfacenti.

Tra gli effetti positivi dello stress ricordiamo:
- raggiungimento di prestazioni fisiche e psichiche ottimali;
- maggiore propensione verso il pensiero creativo;
- possibilità di migliori performance professionali;
- migliore gestione delle emergenze;
- livelli tendenzialmente superiori di qualità della vita;
- possibilità di realizzare esperienze intense e soddisfacenti (*flow*).

Tra gli effetti negativi dello stress vi sono:
- minore concentrazione e attenzione;
- maggiore incidenza di infortuni lavorativi o di errori professionali;
- riduzione della qualità della vita;
- assunzione di stili di vita disfunzionali;
- insorgenza di patologie organiche;
- maggiore vulnerabilità al disagio psichico;
- riduzione delle esperienze innovative con inibizione ideativa e comportamentale.

Gli effetti derivanti dallo stress non hanno una valenza assoluta, variano nel corso della vita e sono in relazione alla struttura di personalità dell'individuo. Lo stress è definito come una *reazione aspecifica* dell'organismo a qualsiasi stimolo esterno o interno (*stressor*), di intensità tale da suscitare una reazione di adattamento – la *General Adaptation Syndrome* – quale modalità di difesa per ripristinare l'equilibrio omeostatico dell'organismo [27].

Lo stress è – come diceva Hans Selye – il grande equalizzatore delle attività biologiche e rappresenta, dal punto di vista biologico, una reazione adattiva rispetto alla perturbazione della condizione omeostatica basale; la natura dello stimolo deve essere tale da evocare la risposta da stress, che è caratterizzata dall'attivazione di tre sistemi biologici: il sistema endocrino, il sistema nervoso vegetativo e il sistema immunitario.

L'attivazione di questi sistemi ha prevalentemente due funzioni, una di difesa e l'altra di resistenza e di attacco; da un lato l'organismo attiva tutte le risorse per difendersi dagli stimoli stressanti, dall'altro si prepara per garantire l'adozione di comportamenti – anche di attacco – a carattere adattivo.

La risposta da stress è modulata su due fasi, una immediata (*fase di allarme*) che comporta una risposta tempestiva agli stressor, l'altra che consente all'organismo di predisporre una *fase di resistenza*; ne derivano alcune considerazioni importanti:
- se lo stimolo è di forte intensità la prontezza di risposta dell'organismo tende ad arginare i danni, in proporzione all'intensità dello stimolo;
- se lo stimolo è persistente l'organismo attiva una fase di resistenza che può durare per un tempo indefinito, ma entro certi limiti, poiché le risorse dell'individuo sono sempre limitate e tendono a esaurirsi (*fase di esaurimento*).

La reazione da stress non deve, in ogni caso, essere considerata come una rispo-

sta passiva agli eventi della vita; sarebbe un concetto riduttivo che non risponde-
rebbe alla natura evoluzionistica dell'essere vivente: lo stress infatti è funzionale al
benessere dell'organismo.

Per l'uomo lo stress ha una valenza sostanzialmente positiva [16], rappresenta
il carburante della vita e ha un significato molto preciso, in quanto la risposta del-
l'organismo – di per sé aspecifica – si attiva in modo specifico, attraverso il filtro
della mente, per ciò che riguarda gli aspetti cognitivi ed emotivi.

È la mente dell'uomo – la sua personalità – che modula la risposta allo stress e
ne codifica la persistenza e l'intensità; in condizioni normali l'uomo necessita della
giusta attivazione psicofisica (*eustress*), di una dose adeguata di energia necessaria
al benessere soggettivo.

Uno stato di tensione eccessivamente basso è demotivante, faticoso da sostenere e fonte di disagio; quando si è giù di tono le iniziative diminuiscono, ci si scoraggia facilmente, si preferisce vivere in solitudine e si tende a evitare qualsiasi
rischio ed esperienza, ritenendoli fonte di stress.

Al contrario, uno stato di tensione eccessivamente e persistentemente elevato
(*iperarousal psicofisico*) diventa fonte di disagio e, inoltre, rappresenta un fattore
di rischio psicosomatico che tende a compromettere il benessere della persona.

È quindi importante imparare a conoscere la giusta tonalità del proprio organismo, il proprio livello ottimale di attivazione psicofisica; la conoscenza soggettiva
rappresenta la chiave di lettura per la gestione dello stress: non esiste un valore
assoluto di stress uguale per tutti, ogni persona ha una propria soglia – il livello
guardia – superato il quale diventa incapace di sostenere ogni sforzo, anzi tende a
soccombere e ammalarsi.

Una personalità solida ed equilibrata condiziona in modo positivo l'umore, dà
stabilità al fluire degli eventi e consente all'individuo di operare scelte adeguate al
momento giusto e con la giusta tensione. La capacità di rispondere in maniera ottimale e in tempo reale a ciò che sta accadendo è la *Response Ability* (Tabella 4.1);
gli individui *Response Able* danno il meglio di sé nelle condizioni che normalmente paralizzano quelli meno *Response Able*.

Molti studiosi sottolineano l'importanza di conoscere a fondo questi problemi
in quanto risultano fondamentali per l'acquisizione di un buon livello di consapevolezza del proprio essere [28]. È importante saper riconoscere:

• la propria *soglia di stress*, superata la quale non si è più in grado di essere obiettivi e di gestire le ansie quotidiane;

Tabella 4.1 Caratteristiche fondamentali della *Response Ability*

Capacità di:
• affrontare con maggiore grinta le avversità e di resistere al peso delle pressioni (propensione all'autodeterminazione);
• ottenere migliori performance nelle situazioni di sfida (padronanza e capacità di controllo delle proprie reazioni);
• mantenere la calma e l'obiettività in mezzo alle tempeste (affidabilità interiore);
• avere una buona percentuale di successi (impegno e resistenza nel lungo termine).

- la propria *abilità al rilassamento psicofisico*, poiché la persistenza di livelli elevati di stress non è funzionale all'organismo; imparando a codificare il proprio livello di stress diventa semplice riuscire ad abbassarlo.

Gran parte dei disagi psicologici che si osservano nella pratica clinica e molti dei fattori che favoriscono l'insorgenza di patologie come l'ipertensione sono dovuti all'incapacità dell'individuo di riconoscere quando il livello di stress supera la soglia tollerata e di rilassarsi quando non vi è motivo di tensione.

Andando a definire la natura degli stimoli stressanti vediamo come – a fronte di tante scale che hanno tentato di quantificarne il valore – non sia possibile proporre una definizione valida per tutti; ciò che per una persona può essere fonte di stress (*prendere l'aereo, partecipare a una festa, fare nuove amicizie...*) per altri può essere fonte di piacere e soddisfazione.

Lo stress ha origine da ciò che una persona codifica e registra come fattore stressante e in base al contesto in cui lo stimolo si presenta; esistono alcuni stimoli obiettivamente di forte rilevanza (traumi gravi, violenze, perdita di una persona cara o del posto di lavoro, ecc.) che richiedono risposte appropriate, mentre altre fonti di stress (matrimonio, nascita di un figlio, promozione sul posto di lavoro ecc.) hanno un carattere più soggettivo e variabile, anche in relazione alle fasi della vita.

A essi si aggiungono gli stimoli interni (ambizioni, desideri, gelosie ecc.) che hanno sempre una valenza soggettiva.

È importante sottolineare come anche gli eventi positivi della vita possano diventare difficili da gestire e quindi essere fonte di stress; per la valutazione degli stimoli stressanti occorre rileggere la storia della persona e pesare l'importanza – il *significato* – attribuita ai singoli eventi della vita, indipendentemente dal valore positivo o negativo loro attribuito.

La convergenza di più agenti stressanti è da considerare una fonte di maggiore stress; anche qui non è tanto importante sommare il numero degli stimoli stressanti, quanto saper cogliere il significato che il soggetto attribuisce a ciascun evento e la sua capacità di fronteggiarli.

Ciò che, in definitiva, conta nella valutazione dello stress è la qualità della reazione, ovvero la capacità dell'individuo di rispondere in modo adeguato al cambiamento; anche quando si intraprende un nuovo progetto, si inizia una nuova esperienza, si cambia casa o ci si innamora, ogni qualvolta ci si deve adattare a una nuova condizione, l'organismo è portato a ritrovare un suo equilibrio, la sua omeostasi.

Per certi aspetti lo stress diventa una scelta in quanto la capacità di adattamento – meglio definita con il termine *resilienza* – è frutto di un'elaborazione mentale [29]; gli essere umani sono portati ad affrontare con successo difficoltà e stress, e il piacere di farcela, di vincere e di resistere è molto intenso, antico e profondo [16]; l'inazione porta invece in sé l'idea della stagnazione, dell'atrofia e della demotivazione [29].

I *resilienti* vengono descritti come soggetti stressati ma sani, che hanno il gusto per le sfide e che si impegnano in ciò che fanno, riuscendo ad avere il controllo della situazione anche in condizioni di crisi.

La convinzione di poter controllare l'ambiente e gli eventi della vita diminuisce l'impatto fisico e psichico dello stress; in questi casi l'atteggiamento che una perso-

4

na assume nei confronti della vita è propulsivo, positivo, dinamico e gratificante.

Quando le sollecitazioni ambientali sono stimolanti e coinvolgenti e la capacità operativa di una persona è elevata la performance individuale è ottimale; vi sono tutte le condizioni per gestire le situazioni di crisi e gli imprevisti.

Il problema insorge quando la sensazione di poter esercitare un controllo sulla realtà è minima, quando non si ha la capacità di agire con efficacia, oppure si ha una percezione di inutilità degli sforzi compiuti e da compiere e la percezione interna è di fragilità e pessimismo; in questi casi lo stress diventa insostenibile e fonte di disagio.

Ci sono momenti nella vita in cui occorre imparare a fermarsi (*pausa riflessiva*) e altri in cui bisogna muoversi con vigore (*flow*); a volte occorre saper accettare i fallimenti, le delusioni, occorre saper individuare la situazione o la sfida alla quale non è possibile dare una risposta. Occorre saper individuare e accettare il *dato di fatto* [19], riorganizzare la propria vita e ridefinire gli obiettivi alla luce della realtà.

Per riconoscere la necessità di operare una *pausa riflessiva* occorre sollecitare l'autoconsapevolezza e imparare a misurare in tempo utile la propria tensione, il proprio livello di ansia; saper riconoscere i "campanelli d'allarme" è necessario per prevenire gli effetti negativi dello stress (Tabella 4.2). Riconoscere i segnali d'allarme dell'ansia non è sempre facile, spesso, soprattutto quando si è sotto stress, non si è in grado di farlo. Ogni individuo ha una propria soglia di tolleranza allo stress, superata la quale possono innestarsi disturbi dello spettro ansioso-depressivo [30].

Tabella 4.2 I campanelli d'allarme dell'ansia

- irrequietezza insolita
- sentirsi stanchi senza validi motivi
- difficoltà a concentrarsi
- mal di testa
- bruciore allo stomaco
- irritarsi per futili motivi
- preoccupazione eccessiva per il futuro
- sonno disturbato
- difficoltà ad addormentarsi
- maggiore consumo di sigarette
- abuso di analgesici
- diminuzione della libido
- inappetenza o aumento dell'appetito
- facile tendenza al pianto
- difficoltà a relazionarsi con gli altri
- comparsa di palpitazioni o tachicardia
- distraibilità
- abuso di alcolici
- richiesta di ansiolitici o antidepressivi
- essere in "tensione" anche per piccole cose
- sentirsi inquieti
- "nervosismo"

4.2
Vulnerabilità allo stress

Caso 4

Lucia è alla sua prima gravidanza, ha 27 anni e si è sposata lo scorso anno, il marito è avvocato, è più grande di lei di 10 anni e lavora come libero professionista. Anche Lucia è laureata in giurisprudenza e si è abilitata all'esercizio professionale, aiuta il marito ma non ha mai voluto impegnarsi in modo costante, ha preferito dedicare più tempo alla famiglia. Dopo la nascita di Antonio, Lucia ha iniziato a manifestare disturbi pervasivi dello spettro ansioso, con crisi di pianto, insonnia, irritabilità, tremore, palpitazioni, difficoltà alla concentrazione e facile distraibilità; tale sintomatologia ha compromesso in modo evidente la sua funzionalità, tanto che la madre ha dovuto trasferirsi da lei per aiutarla.

Lucia ha inoltre sviluppato insicurezza, sensi di colpa verso il bimbo e sentimenti di autosvalutazione (*non sono capace di essere una buona madre...*). Dal punto di vista fisico Lucia sta bene e non ha mai sofferto di disturbi psichici; secondogenita di tre figli, è considerata una ragazza matura e forte e non ha mai destato all'interno della famiglia particolari preoccupazioni. È stata sempre in grado di gestire le situazioni di crisi e gli impegni universitari.

Ciò alimenta ancor più le preoccupazioni dei familiari, che temono uno stato depressivo post-partum di difficile gestione, anche in considerazione dell'attualità e gravità del quadro clinico.

La gravidanza e il periodo del post-partum sono l'esempio più concreto di quanto lo stress possa incidere sul benessere della persona ed essere fonte di disagio e sofferenza; essi sono per la donna un periodo di grande trasformazione, sia biologica che psicologica, che richiede buone capacità di adattamento.

In aggiunta alle ansie e alle preoccupazioni connesse alla gravidanza (*andrà tutto bene? sarà un bimbo sano?*), vi è anche il fatto che l'organismo si trasforma completamente in funzione del nascituro; dopo la nascita del bimbo, poi, la fatica è anche maggiore, la madre deve sostenere un cambiamento totale della propria vita ed è investita di una grande responsabilità.

Il livello di attenzione è massimo e l'organismo si ritrova in uno stato di tensione di non facile gestione; prevalgono vissuti di ansia, di inadeguatezza (*sto facendo bene? perché il bimbo piange?*); è facile in questi casi perdere il controllo della situazione e ritrovarsi in una condizione di stress psicologico che è alla base di molti disturbi ansiosi.

Gli interventi di prevenzione mirati al monitoraggio del livello di tensione della donna rendono possibile la gestione di molte delle situazioni di criticità che emergono nel post-partum; esistono specifiche tecniche di rilassamento e programmi psicoeducazionali rivolti al nucleo familiare che consentono di ottenere buoni risultati.

Oltre alla gravidanza, esistono tante altre situazioni di fragilità e condizioni che rendono la persona più vulnerabile allo stress nella sua accezione negativa; vi sono, per esempio, alcuni profili di personalità che tendono a evocare risposte abnormi rispetto agli eventi della vita, sia sul piano mentale che comportamentale.

Si tratta di soggetti particolarmente sensibili alle frustrazioni, dipendenti dal punto di vista affettivo, insicuri, con scarsa autostima e determinazione, poco assertivi e bisognosi di ottenere per ogni cosa l'approvazione degli altri; in termini gene-

4

rali, esistono soggetti che hanno difficoltà a sostenere nel tempo gli impegni, a essere costanti, persone che tendono ad amplificare i problemi, a leggerli con la lente di ingrandimento, a sopravvalutarli, e che manifestano vissuti di inadeguatezza e di impotenza rispetto alla realtà.

Molte condizioni di stress sono legate a una distorsione della chiave di lettura della realtà, a una strutturazione nevrotica della personalità che innesca modalità di pensiero disfunzionali (*pretese nevrotiche*) che limitano la libertà dell'individuo e la sua consapevolezza rispetto ai problemi della vita [31]: voler essere sempre al centro dell'attenzione e piacere a tutti, ritenere che i problemi si risolvono da soli e che la vita dovrebbe essere giusta e ricca di gratificazioni, pretendere la cortesia, l'amore e l'affetto delle persone, voler essere sempre competenti e non tollerare le sconfitte e le delusioni, ritenere che ogni problema abbia una soluzione ideale.

Tali modalità di pensiero, riportate nella vita di tutti i giorni, innalzano il livello di tensione basale e tendono a innescare un circolo vizioso che alimenta la conflittualità interpersonale, sia in famiglia che nel lavoro o nella società.

Piccole discussioni che riguardano problemi insignificanti possono assumere i connotati di problemi vitali per l'individuo, piccole disattenzioni da parte dei colleghi o dei figli diventano la dimostrazione dell'arroganza degli altri e suscitano controreazioni smisurate, piccole incomprensioni, all'ufficio postale o in un negozio, diventano motivo di tensione e di conflitto.

È errato pensare a traumi eccezionali per giustificare lo stress quotidiano; oggi sappiamo che l'organismo possiede un'intrinseca capacità di reagire con forza ai traumi della vita e che spesso sono proprio i traumi a scuotere l'individuo e a riportarlo sul piano della realtà, attraverso un processo di autoconsapevolezza e di maturazione personale [4].

Molto più spesso lo stress è legato a vicende della vita ordinaria, agli imprevisti, alle scortesie dei colleghi, all'inefficienza dei servizi pubblici, alla mancanza di trasparenza e correttezza nei luoghi di lavoro, a piccoli disguidi o inesattezze, ai cosiddetti *microtraumatismi* della vita quotidiana.

Gran parte delle problematicità della vita emergono da situazioni relazionali, in ogni ambito.

4.3
Tolleranza a frustrazioni, rabbia e impulsività

Caso 5

Il problema di Nicola è il mal di testa: gli capita all'improvviso di avere la sensazione che "la testa possa scoppiare, di vacillare, di non mantenere l'equilibrio"; questa sintomatologia è insorta da circa sei mesi, sta diventando ingravescente e inizia a compromettere il suo rendimento lavorativo. Ha eseguito molte indagini clinico-strumentali che hanno escluso la presenza di patologie organiche e ha iniziato una terapia con un antidepressivo. Nicola ha 23 anni e lavora come cameriere in un ristorante, è ben voluto dal proprietario che in questa fase lo sta aiutando molto, sostenendolo e incoraggiandolo, anche se nelle ultime settimane sta sorgendo qualche problema.

Dal punto di vista clinico Nicola ha sviluppato un disturbo di panico, ma le ragioni del suo malessere risiedono nella difficile e conflittuale situazione familiare; è sposato con Sandra da due anni e ha un figlio di circa tre anni che i suoi genitori non hanno mai visto. La scelta di sposarsi è conseguita alla nascita del figlio, scelta non condivisa dai genitori di Nicola che non hanno mai voluto accettare Sandra e la sua famiglia, per vecchie conflittualità mai risolte. Ora Nicola vive con i suoceri, non ha ancora una propria autonomia ed è diviso tra i suoi genitori e la moglie; la conflittualità con i genitori e con il cognato è elevata e i momenti di discussione sono esasperanti per tutti.

Nicola continua a seguire il trattamento antidepressivo, il quadro clinico è stazionario, forse lievemente migliorato, tuttavia si sente impotente rispetto a tutta la situazione familiare.

Nell'affrontare i disturbi clinici conseguenti a situazioni stressanti si ha la consapevolezza che molte persone non sono in grado di gestire e risolvere i problemi della vita; vi sono situazioni difficili da valutare e da inquadrare e, in molti casi, è praticamente impossibile per il clinico condividere con il paziente un percorso terapeutico di tipo psicologico mirato alla gestione delle problematicità rilevate.

Vi sono barriere emotive eccessivamente alte e pregiudizi cognitivi che impediscono qualsiasi accesso a modalità di pensiero più funzionali [18] e a modalità di relazione più appropriate.

Quanto più le problematiche presenti hanno carattere simbolico, immateriale, relazionale, tanto più appare difficile sostenere un programma terapeutico, mentre è più facile lavorare laddove il trauma o il problema siano comprensibili e definibili.

La difficoltà maggiore è proprio definire la natura del problema.

Vi sono situazioni di evidente disagio, come la fatica che deve sostenere chi assiste un figlio con ritardo mentale o un genitore con l'Alzheimer; in questi casi la tensione e lo stress hanno una loro *comprensibilità*, vengono accettati dal paziente che ne condivide le motivazioni e ne accetta la responsabilità.

In altre situazioni non è possibile definire la natura del problema, non vi è alcuna logica e *comprensibilità* in quello che accade; molte tensioni potrebbero essere evitate e molti disagi potrebbero essere prevenuti garantendo un clima di maggiore serenità, anche per le generazioni future, molto spesso costrette a crescere in ambienti tesi e conflittuali [11].

In percentuale, rileggendo la casistica personale, è più frequente il riscontro di quadri clinici relazionati a problemi non ben definiti piuttosto che a problemi oggettivabili [32,33]; la bassa tolleranza alle frustrazioni (*Low Frustration Tolerance*), la rabbia e l'impulsività rappresentano i punti su cui occorrerà lavorare per arginare la conflittualità e il disagio relazionale.

La bassa tolleranza alle frustrazioni è tipica delle persone immature, insicure, tendenzialmente estroverse e con una scarsa considerazione delle proprie potenzialità; dal punto di vista comportamentale tendono a evitare di affrontare i problemi o le difficoltà e a non assumersi la responsabilità delle proprie azioni.

Se un esame all'università va male iniziano a pensare di essere incapaci nello studio, vanno in ansia, perdono la concentrazione, si convincono che sarà sempre più difficile affrontare quell'esame e che sarà impossibile continuare a frequentare i corsi; tendono quindi ad arrendersi e a non reagire con efficacia e prontezza nelle situazioni che invece richiedono determinazione e forza.

4

Molti di questi soggetti non hanno completato gli studi o non sono stati in grado di instaurare legami affettivi stabili; alla prima delusione amorosa hanno iniziato a pensare di non essere in grado di affrontare successive delusioni e frustrazioni attivando in tal modo un meccanismo protettivo di evitamento (*non corteggio le ragazze così evito le delusioni e le frustrazioni, non vado in ansia e resto tranquillo...*). Le relazioni con gli altri sono inficiate dal sentimento di inadeguatezza, il confronto con gli altri non è paritario, ma si tende a vedere il mondo dal basso verso l'alto; la ragione di questo atteggiamento risiede nella struttura di personalità del soggetto e solo un percorso psicoterapeutico ben condotto potrà apportare benefici.

La rabbia e l'impulsività rappresentano l'altra faccia della medaglia e, per certi aspetti, possono essere considerate più devastanti sul piano personale e relazionale.

Come la paura e il disprezzo, la rabbia è un'emozione e non è sinonimo di aggressività; essa esprime, dal punto di vista evoluzionistico, il primitivo bisogno di demarcare il proprio territorio: ci si arrabbia quando qualcuno o qualcosa viene a ledere i nostri interessi personali; come istinto la rabbia ha carattere protettivo, funge da modalità di difesa e di allarme, rappresenta una delle emozioni – come la paura – alla base della selezione naturale.

Esprimere la rabbia in modo assertivo e non aggressivo, in modo puntuale e con affermazioni precise è funzionale alla salute dell'individuo; molti comportamenti umani di tipo aggressivo – i *comportamenti controproduttivi* (Tabella 4.3) – nascono da un'inappropriata gestione della rabbia, che diventa così fonte di stress, di sofferenza e di conflittualità [34-36]. Uno dei problemi delle organizzazioni del mondo del lavoro è la gestione dei conflitti interpersonali, fonte di disagio e di comportamenti che compromettono l'efficacia professionale e la stabilità dell'azienda.

Espressa in modo esplosivo e arrogante, la rabbia – emozione contagiosa – alimenta la conflittualità e non dà spazio alla mediazione e alla relazione; funge da filtro negativo della realtà, causa una distorsione della lettura dei problemi e un accumulo di tensione che può sfociare in comportamenti auto ed eterodistruttivi, a prevalente carattere di *impulsività*.

In molte situazioni – per la mancanza di consapevolezza delle proprie emozioni – si accumulano energie aggressive che favoriscono l'*impulsività;* perdere le staffe quando si è arrabbiati non è salutare, ci pone in una condizione di svantaggio

Tabella 4.3 Alcuni esempi di comportamenti controproduttivi

- sabotaggio o danneggiamento di strumenti di lavoro;
- violenza fisica e verbale, ostilità;
- mancata trasmissione di informazioni o mancato espletamento di pratiche;
- spreco di tempo, mancanza di iniziativa (presenteismo);
- uso di sostanze d'abuso;
- mancato rispetto delle norme di sicurezza;
- perdita della calma senza motivo;
- disprezzo verso i colleghi, trascorrere gran parte del tempo lavorativo a parlare dei "soliti problemi";
- continue e accese discussioni, senza valide motivazioni;
- mancanza di comprensione verso gli altri, cinismo.

ed è potenzialmente causa di conseguenze serie anche sul piano legale.

Dal punto di vista psicopatologico, esistono persone che sono persistentemente arrabbiate, diffidenti, difficili da trattare e da comprendere; hanno, nel loro intimo, un'inquietudine che le pone in una condizione di suscettibilità, pretendono di avere ragione in ogni circostanza e anche di fronte all'evidenza tendono a prevaricare gli altri e a reagire d'impulso.

Tali caratteristiche o tratti di personalità, se persistenti e pervasivi, possono determinare problemi relazionali molto seri e difficili da gestire; inoltre, è anche improbabile che queste persone accettino di intraprendere un percorso psicotera-peutico, che richiede invece capacità introspettive e il riconoscimento dei propri limiti e difetti.

Non meno problematiche sono le persone che mostrano un'apparente tranquil-lità, che in condizioni usuali non si alterano, che tendono a essere remissive, a non esprimere le contrarietà, ad accettare passivamente le ambivalenze e le contraddi-zioni del quotidiano; in genere hanno una buona capacità di tollerare prevaricazio-ni e soprusi, riescono a rimuovere le cattive azioni subite senza arrabbiarsi e a uti-lizzare altri meccanismi di difesa – come la razionalizzazione e la sublimazione – per meglio metabolizzare le contrarietà relazionali.

Tutto ciò può però avere un limite, superato il quale una persona – in determi-nate circostanze o contesti – può inavvertitamente esplodere, perdendo il controllo della propria reazione; anche in questo caso è la mancanza di consapevolezza delle proprie emozioni e cognizioni la chiave di lettura delle dinamiche psicologiche radicate nel comportamento umano.

Razionalità, emozioni e comportamento 5

5.1
Razionalità e istinto

Caso 1

Mirella ha finalmente superato il concorso in magistratura, ha 34 anni ed è sposata da due; i suoi studi universitari sono stati lineari e non ha mai avuto problemi; il suo sogno era di diventare magistrato, ma non è stato semplice superare il concorso, ha dovuto provare più volte e ha dovuto studiare con continuità. Mirella mi aveva consultato per problemi dello spettro ansioso che, pur insistenti e fastidiosi, non hanno compromesso la sua funzionalità; è stata molto brava a seguire un percorso psicoterapeutico il cui obiettivo mirava a rafforzare le sue modalità di reazione e gestione dei problemi della vita. Non vi è stato mai bisogno di prescriverle una terapia farmacologica.

Le vicende della sua vita sono state tante; a 17 anni si è fidanzata con Marco con cui ha condiviso cinque anni, fino alla rottura del fidanzamento, voluta da lei in seguito a un "appiattimento" della relazione; non si sentiva gratificata e motivata a proseguire il rapporto, Marco gli sembrava troppo impegnato su di sé e poco attento a ciò che lei desiderava. In quel periodo la preoccupazione principale di Mirella era lo studio, così come è rimasta fino al concorso; tutto era perciò funzionale a questo suo obiettivo, compreso lo spazio e il tempo dedicato a Marco. Mirella ha dovuto poi essere compartecipe, insieme alle altre due sorelle, della patologia della madre che, affetta da una grave malattia neurologica con effetti devastanti, ha avuto bisogno fino alla sua morte – avvenuta quattro anni fa – di assistenza continua e, soprattutto nelle fasi terminali della malattia, particolarmente intensa e faticosa, anche sul piano psicologico.

Dopo aver conosciuto Luciano ha deciso di sposarsi; Luciano le ha offerto dal primo momento sicurezza e comprensione e vi è stata una piena condivisione delle esigenze di entrambi. In tutto ciò Mirella ha continuato a studiare senza sosta, riuscendo a organizzare bene i suoi programmi, facendo attenzione a modularli tra le necessità familiari e quelle più strettamente legate allo studio. Le caratteristiche fondamentali della sua personalità sono racchiuse nella sua capacità di essere determinata e di avere obiettivi precisi e ben definiti; ha dovuto in più occasioni conciliare istanze emotive e razionali anche contrapposte e difficili da sostenere.

È riuscita, anche nei momenti di maggiore difficoltà, come nella fase terminale della malattia della

Personalità e autoefficacia. Ferdinando Pellegrino
© Springer-Verlag Italia 2010

madre, a dare continuità all'impegno nello studio attraverso un'attenta pianificazione del tempo da dedicare ai diversi problemi che si è trovata ad affrontare.

Caso 2

Gennaro ha 40 anni, una figlia di 9 anni, è psicologo clinico e lavora come libero professionista; è soddisfatto del suo lavoro, che esercita con continuità e soddisfazione; i suoi problemi sono insorti quattro anni fa quando si è accorto che la moglie, avvocato, aveva una relazione con un suo collega. È stata una scoperta casuale; aveva molta fiducia nella moglie e negli anni passati non vi erano state situazioni di particolare conflittualità, né divergenze sull'organizzazione globale dell'assetto familiare e sull'educazione della figlia. Una coppia in apparente buona salute, il cui rapporto evidentemente si reggeva sul rispetto reciproco ma che forse, dal punto di vista emotivo, non era sufficientemente solido; anche Gennaro aveva avuto una relazione extraconiugale, durata circa due anni e venuta fuori in seguito all'insorgenza di complicanze per un aborto cui l'amante aveva dovuto sottoporsi. Vi erano stati momenti di tensione, conflitti e discussioni, cui era seguito un periodo di riappacificazione, per cui tutto sembrava essersi risolto per il meglio.

Gennaro ora ha preso consapevolezza della fragilità del suo rapporto coniugale, ne ha parlato più volte con la moglie che, dopo un periodo iniziale di diniego, ora parla liberamente della sua relazione e della gratificazione affettiva che ne riceve.

Ora Gennaro è intenzionato a chiedere la separazione, teme per il benessere della figlia e per tutti i cambiamenti che ne conseguirebbero; in questo momento di riflessione e di indecisione riesce a lavorare con sufficiente concentrazione; il disagio nasce dalla sua difficoltà di relazionarsi con la moglie per poter meglio definire i problemi da affrontare.

Caso 3

Dopo anni di sofferenza e prevaricazioni finalmente Giulia ha avuto il coraggio di cambiare lavoro; aveva iniziato a lavorare all'età di 16 anni; poiché non aveva mai avuto particolare propensione per lo studio, aveva accolto favorevolmente la possibilità di lavorare come cassiera in un supermercato. Il lavoro le piaceva, lo trovava gratificante, vedeva nell'incontro con le persone, pur occasionale e rapido, l'opportunità di sentirsi in mezzo agli altri, la sua estroversione l'ha sempre aiutata a relazionarsi bene con il pubblico. Dopo sei anni, in seguito alla ristrutturazione e alla riorganizzazione del lavoro, si è trovata in conflittualità con la sua nuova dirigente, una persona che lei definisce "squallida" e "malvagia". Il lavoro è iniziato a pesarle, ha dovuto in più occasioni mettersi in malattia onde evitare di incontrare la dirigente; non riesce a spiegarsi perché succede tutto questo; lei si ritiene una ragazza rispettosa e sensibile, è sempre stata puntuale e ora non riesce a comprendere le ragioni per cui le vengono contestate alcune cose.

È consapevole che in realtà il problema è la sua dirigente, ma ciò non la tranquillizza, l'esaspera ancora di più; non ha neanche il supporto delle altre colleghe di lavoro che tendono a non solidarizzare; il clima si è fatto sempre più snervante e Giulia ha iniziato a presentare disturbi ansiosi con somatizzazioni gastrointestinali che l'hanno indotta a richiedere un consulto specialistico.

Il problema è stato affrontato aiutando Giulia a contenere le emozioni e a dare la giusta rilevanza a quanto stava accadendo; nel frattempo è stata invogliata a cercare un nuovo lavoro.

La mente, nei suoi aspetti cognitivi ed emotivi, è alla base del comportamento umano; per molti anni sono prevalsi modelli dicotomici – mente/corpo, razionalità/istinto – che da un lato hanno consentito di approfondire le conoscenze su particolari processi della mente, dall'altro hanno contribuito a far prevalere una visione dell'uomo parcellare, non globale.

Le radici di questa dicotomia stentano ancora oggi a lasciare spazio al *modello biopsicosociale*, che prende in considerazione la complessità della persona, superando in modo definitivo i vecchi modelli e valorizzando, nell'ambito delle neuroscienze, le sinergie dei singoli processi mentali, espressione dell'attività dei neuroni [6,11].

Tale modello ha comportato una radicale trasformazione dell'approccio ai disturbi psichici: non vi è più contrapposizione tra inconscio e consapevolezza, tra psicofarmacologia e psicoterapia, tra intelligenza emotiva e razionalità, tra mente e corpo, ma prevale una visione d'insieme che concentra l'attenzione sulla persona, integrando conoscenze attinte a vari modelli al fine di ottimizzarne l'utilizzo nella pratica clinica. Si è andati verso un progressivo abbandono di modelli assoluti – le *ortodossie* – valorizzando e stimolando modelli di ricerca aperti a nuove conoscenze, nel rispetto di specifiche competenze e professionalità [37].

L'integrazione delle conoscenze ha certamente contribuito a gestire meglio i disturbi psichici nella variabilità delle manifestazioni cliniche [38], aprendo la strada ad ambiti applicativi extraclinici come, per esempio, la prevenzione del disagio giovanile nelle scuole o la gestione delle risorse umane all'interno delle aziende.

"Ogni società umana sviluppa il proprio catalogo di virtù [...], l'epoca moderna non ha mai tenuto in gran conto virtù antiche [...], per essa valgono piuttosto, come virtù cardinali, la flessibilità, la capacità di fare squadra e di essere vincenti. Ma soprattutto, chi intende essere al passo con i tempi deve assolutamente essere intelligente" [39].

Cosa s'intende per intelligenza?

Oggi gli strumenti che mirano a misurarne i livelli – come la valutazione del quoziente intellettivo – sono oggetto di riflessione e di critica [39]; ne conosciamo i limiti e sappiamo che, se non è possibile misurare le potenzialità della mente, possiamo però tracciare linee di riferimento per orientarci nella complessità delle dinamiche psicologiche, relazionali e sociali dell'individuo.

Occorre premettere che l'analisi dei singoli processi – razionalità, emotività, comportamento – ha il solo scopo di codificare gli aspetti che ci interessano, in quanto esprimono la personalità di un soggetto, il suo modo di essere.

Nella nevrosi il comportamento diventa incoerente e dissociato, le emozioni vanno a oscurare la razionalità che, a sua volta, tende a contrapporsi all'emozionalità; in condizioni normali vi è una piena sinergia delle funzioni mentali, in tutti i suoi aspetti [40].

L'Io, forza espressiva della personalità, ha nella mente il motore della propria attività; attraverso la consapevolezza delle proprie risorse riesce a modulare gli aspetti emotivi e razionali e a controllare il comportamento.

Una persona a prevalente espressività emotiva può trovare maggiori gratificazioni svolgendo, per esempio, professioni a elevato impatto emotivo e in cui predominano aspetti relazionali ed empatici (le professioni d'aiuto o *helping professions*), ma avrebbe maggiori difficoltà a intraprendere attività in cui è richiesta freddezza e razionalità; potrebbe operare più facilmente scelte dettate dalla passione o accettare compromessi, mentre una persona più razionale tenderebbe ad avere un comportamento più rigido, meno indulgente, più deciso.

5.2
Consapevolezza

Nell'immaginario collettivo sappiamo che il comportamento trova la sua spiegazione nel modo di essere di una persona, nel suo modo di pensare, e siamo portati a giudicarlo in base a ciò che osserviamo, senza preoccuparci di comprenderne le dinamiche.

Non esiste un unico modello comportamentale o un modo di vivere le emozioni e la razionalità condiviso da tutti: esiste la persona con le sue ansie e le sue preoccupazioni, con le sue emozioni e le sue convinzioni.

Maggiore è il livello di consapevolezza dell'individuo, migliore sarà la sua competenza umana e professionale [18,41].

Definita come una modalità neutrale della mente di sostenere l'introspezione anche in mezzo a emozioni turbolente [40], la consapevolezza – o *autoconsapevolezza* – sostiene l'autonomia dell'individuo, consentendogli di conoscere i propri limiti e pregi, di vedere la realtà da una prospettiva positiva e di essere attento alla propria vita interiore.

Nella nevrosi la persona si allontana sempre di più dal suo vero Io, fino a non riconoscersi più e a non sapere che cosa vuole realmente dalla vita; l'individuo sano invece ha un notevole concetto di sé: sa chi è, cosa vuole e in che direzione si sta muovendo [42].

L'*autoconsapevolezza* non si presenta come un fenomeno del tutto o nulla, non la si acquisisce mai definitivamente, ma è caratterizzata da profondo dinamismo, da flessibilità e variabilità, in rapporto alle diverse fasi della vita.

Si tratta quindi di un processo continuo ed evolutivo, che richiede un allenamento costante e l'umiltà di mettersi sempre in discussione; può però diventare regressivo in rapporto a situazioni di particolare stress.

Essa si articola sostanzialmente sulla capacità della persona di avere:
- l'accesso, la conoscenza e la consapevolezza del proprio modo di pensare;
- l'accesso, la conoscenza e la consapevolezza delle proprie emozioni;
- il controllo del proprio comportamento.

L'*autoconsapevolezza*, più che una qualità della mente, rappresenta un metodo di indagine introspettiva che si utilizza per migliorare il rapporto con se stessi; la mancanza di *autoconsapevolezza* è associata al fallimento complessivo della persona e delle sue ragioni di vita, al fallimento dell'intelligenza [18]; in positivo essa è la fonte del benessere personale [43].

5.3
Conoscere il proprio modo di pensare

La consapevolezza del proprio modo di pensare (*cogito ergo sum*) rappresenta l'aspetto razionale della mente; il pensiero trae origine dalle conoscenze dell'individuo e dalla sua capacità di associare dati, impressioni, intuizioni e riflessioni.

Le potenzialità del pensiero sono enormi, tuttavia molti dati evidenziano come molte persone, pur dotate di grande intelligenza, le utilizzino in modo inadeguato e quindi non siano in grado di pensare in maniera creativa e innovativa [44].

La mente umana è uno strumento potente che richiede cura e attenzione, ma anche allenamento continuo; non a caso il *talento* è frutto di un lavoro costante e duro in determinate aree di conoscenza o specifiche abilità e non una qualità innata, come spesso si tende a credere.

Gli essere umani sono generalmente dotati di un'intelligenza media, ciò che fa la differenza è l'efficacia con cui essa viene utilizzata. La motivazione a raggiungere determinate abilità, la curiosità, l'impegno e l'esperienza rappresentano la premessa per un buon utilizzo della propria intelligenza.

Non è facile acquisire la conoscenza delle proprie modalità di pensiero, molte sono le trappole in cui si può rimanere imbrigliati senza consapevolezza; esiste un'ampia letteratura sull'argomento che fornisce stimoli per evitare inibizioni e limitazioni cognitive. In particolare è opportuno segnalare alcune tra le insidie della mente che, se non riconosciute, possono compromettere l'efficacia del pensiero umano:

- le convinzioni distorte;
- i processi disfunzionali della mente.

5.3.1
Convinzioni distorte

Alla base delle convinzioni distorte vi è il rifiuto dell'evidenza e la chiusura a ogni pensiero alternativo o contraddittorio, che pregiudicano l'evoluzione positiva del modo di pensare; si creano infatti una stagnazione e una staticità che limitano ogni forma di comunicazione e relazione.

È difficile comunicare con chi ha un'idea fissa e irremovibile, allo stesso modo non si riesce a dialogare in maniera costruttiva con un paziente delirante; il delirio rappresenta, infatti, l'esempio estremo della distorsione del pensiero (ovvero un'errata interpretazione della realtà).

Nella vita di tutti i giorni occorre confrontarsi con il *pregiudizio*, la *superstizione*, il *fanatismo*, con il *pensiero catastrofico*, con le *convinzioni distorte* e con il *pensiero irrazionale* [18,19,38].

Sin dalla prima infanzia l'individuo sviluppa alcune convinzioni su se stesso, sugli altri, sulla società, sull'ambiente in cui vive; tali convinzioni sono alla base del modo di pensare di una persona, della sua visione del mondo, e rappresentano il suo livello di credenze più profondo (*credenze di base* o *core beliefs*) rispetto alla realtà [45].

Su tale base possono fondarsi distorsioni cognitive primitive che, nel tempo, danno luogo a differenti livelli di interpretazione inappropriata della realtà; si può, per esempio, essere convinti che il mondo sia ingiusto (e vedere ingiustizia ovunque), che ogni sacrificio sia inutile (e biasimare chi lavora con sacrificio), che gli altri siano cattivi (ed essere portati a non fidarsi di nessuno). Si può credere di non essere in grado di risolvere i problemi (e non applicarsi con metodo alla ricerca della soluzione), di non essere all'altezza di una situazione (ed evitare di confrontarsi con gli altri) o di essere superiore agli altri (e non averne rispetto).

Molti di questi convincimenti passano inosservati ed entrano a far parte della vita di tutti i giorni; se impariamo a riflettere sul nostro modo di pensare ci possiamo rendere conto di quanto sia facile compiere errori di valutazione della realtà [45].

5.3.2
Processi disfunzionali della mente

Altri errori di valutazione possono manifestarsi in seguito a una disfunzionalità dei processi cognitivi, che si manifesta essenzialmente nella fase di acquisizione ed elaborazione delle informazioni provenienti dall'ambiente esterno; ciò può accadere sia per mancanza di una corretta metodologia di acquisizione e utilizzazione dei dati disponibili, sia per disattenzione dovuta, per esempio, a una selezione non corretta delle informazioni.

Il cervello, non avendo la possibilità di elaborare tutti i molteplici stimoli provenienti dall'ambiente, deve operare necessariamente una selezione, deve filtrare le informazioni ritenute più importanti: per esempio, una neomamma si sveglia prontamente se il bimbo piange, anche se stava dormendo profondamente.

Il cervello, per fornire risposte congrue, ha bisogno di attribuire in tempo reale un significato all'infinità di stimoli che lo raggiungono; deve selezionare, operare delle scelte, focalizzare l'attenzione su un certo stimolo piuttosto che su un altro [19].

Per fare questo lavoro deve essere tranquillo, concentrato, rilassato; l'ansia aumenta la sensibilità verso l'ambiente esterno e ogni stimolo, anche insignificante, diventa motivo di allarme e preoccupazione. Stati d'ansia e di stress amplificano l'attenzione e riducono l'efficacia, comportando un notevole dispendio di energia. Si può avere l'impressione di non ricordare, di non memorizzare le informazioni, di essere confusi, di non riuscire a concentrarsi, fino ad alimentare un circolo vizioso difficile da gestire.

Al contrario, la presenza di quadri depressivi rende l'individuo meno recettivo nei confronti dell'ambiente, meno sensibile agli stimoli, che spesso vengono ignorati, non presi in considerazione, anche se importanti; si può innestare un processo di totale disattenzione che compromette l'acquisizione appropriata delle informazioni che provengono dall'ambiente.

5.3.3
Multiprocessualità

La selezione delle informazioni è anche oggetto di un filtro cognitivo ed emotivo: si è più attenti a ciò che si ritiene utile e giusto e a ciò che piace; il nostro modo di pensare e di vivere le emozioni condiziona in maniera considerevole la selezione delle informazioni.

Molto spesso questi processi operano automaticamente e in alcuni ambiti – come per esempio la ricerca – il filtro inappropriato delle informazioni può compromettere l'obiettività della raccolta dei dati e il loro successivo utilizzo (il ricercatore può essere portato a ricercare solo ciò che gli interessa).

Occorre quindi imparare a prestare attenzione a questi processi e a porsi nelle condizioni ottimali – sia fisiche che psichiche – soprattutto quando si è impegnati in attività che richiedono specifiche abilità; anche la stanchezza fisica, l'insonnia, il sonno disturbato, l'uso di bevande alcoliche, di droghe, di sostanze medicamentose, le malattie fisiche, o qualsiasi altra condizione ambientale – presenza di rumori, di persone che infastidiscono – possono interferire.

L'idea di poter fare tutto e subito e di gestire contemporaneamente stimoli esterni e risposte dell'organismo (*multiprocessualità*) non fornisce garanzie in termini di efficacia operativa, ma può anzi essere fonte di disattenzione.

Sbrigare la posta elettronica mentre ci si sta occupando d'altro, gestire due o tre cellulari, essere continuamente interrotti mentre si lavora, rispondere contemporaneamente a più sollecitazioni, gestire insieme problemi diversi sono tutti esempi che evocano la complessità delle attività quotidiane; in linea generale la *multiprocessualità* favorisce la distrazione e riduce la funzionalità dell'individuo, poiché non esiste la possibilità di suddividere l'attenzione tra due attività coscienti.

Possiamo fare due cose allo stesso tempo, ma non prendere due decisioni coscienti, possiamo guidare e rispondere al cellulare, ma rispondere al cellulare o manovrare altri apparecchi elettronici mentre si guida può essere pericoloso. Il fatto che impariamo a fare bene una certa cosa (leggere le radiografie, guardare il monitor dei sistemi di sicurezza, guidare un'auto) non significa essere sicuri di svolgere bene il proprio compito e di essere esenti da distrazioni, né tanto meno di poter gestire con agilità stimoli distrattivi (parlare con il collega e guardare il monitor). È noto che molti errori si rendono possibili grazie alla disattenzione e che l'eccessiva sicurezza nello svolgere determinati compiti può essere essa stessa fonte di distrazione [41].

Vi sono persone che hanno particolare abilità a gestire più problemi, anche in situazioni di particolare stress, a essere puntuali e attente agli stimoli importanti, ma sappiamo che tali abilità non devono abbassare il livello di guardia rispetto alla funzionalità dei processi di attenzione, che risentono di numerose variabili.

5.4
Conoscere le emozioni

La conoscenza delle proprie emozioni (*emotio ergo sum*) rappresenta invece l'aspetto emotivo della mente; considerate da sempre come ciò che sfugge alla razionalità, come la parte irrazionale della mente, le emozioni sono state negli ultimi anni rivalorizzate nella loro funzione.

Oggi sappiamo che gli aspetti emotivi dell'intelligenza sono di fondamentale importanza per la strutturazione positiva della personalità: le abilità che derivano dall'*intelligenza emotiva* funzionano in sinergia con quelle cognitive.

"A tutti gli effetti abbiamo due menti, una che pensa, l'altra che sente. Queste due modalità della conoscenza interagiscono per costruire la nostra vita mentale [...] e nella maggior parte dei casi, queste due menti, l'emozionale e la razionale, operano in grande armonia e le loro modalità di conoscenza, così diverse, si integrano reciprocamente per guidarci nella realtà" [40].

Emozione – dal latino *exmovēre* – è ciò che sollecita la persona a muoversi verso qualcosa o a starne distante, a interessarsi o disinteressarsi di qualcuno; è ciò che "si prova dentro di sé" sia in relazione a stimoli ed eventi della vita sia rispetto a pensieri, ricordi, progetti e ideali (Tabella 5.1).

Le emozioni hanno una valenza strettamente soggettiva, non hanno un significato assoluto; chi ha maggiore consapevolezza delle proprie emozioni, le sa riconoscere e gestire, possiede un'arma in più per vivere bene [34,46]; il controllo emotivo è la garanzia primaria del benessere, della forza della personalità.

La consapevolezza del proprio mondo interiore nasce dalla profonda consapevolezza del proprio essere; le emozioni possono colorare il mondo a seconda di come vengono vissute; esse non hanno specifiche attribuzioni, non hanno un colore predefinito, sono "sensazioni", "moti d'animo", "affetti", "impressioni", "passioni": è l'individuo che "attribuisce un significato" a ciò che sente dentro di sé e percepisce come importante per la propria vita.

Felicità, tristezza, rabbia, paura e vergogna sono tra le emozioni più frequenti, ma il vocabolario ne riporta tantissime altre: invidia, gelosia, dolore, senso di benessere, frustrazione, soddisfazione, disgusto, simpatia, confusione, irritazione, delusione, collera, eccitazione, demotivazione, noia, padronanza di sé, imbarazzo, sconforto, pessimismo e ottimismo [46]. Se tali emozioni nascono in modo naturale, spontaneo, tuttavia sono spesso difficili da cogliere e da definire e condizionano in modo notevole ogni aspetto della vita; l'*alexitimia* e il *discontrollo emotivo* rappresentano modalità disfunzionali di vivere le emozioni e possono costituire un vero ostacolo alla crescita della persona, fino a comprometterne la funzionalità.

Tabella 5.1 Emozioni

Ogni momento della vita è caratterizzato dalla presenza di emozioni che possono condizionare il buonumore e le scelte personali:
- gioia, estasi, calma, esuberanza, piacere, entusiasmo appassionato (*flow*) sono le emozioni del presente; in qualsiasi momento della giornata tali emozioni sono fonte di autorealizzazione;
- soddisfazione, orgoglio e serenità rappresentano le emozioni del passato, esse infondono sicurezza e incoraggiamento;
- ottimismo, speranza e fiducia sono le emozioni del futuro grazie alle quali l'orizzonte temporale appare sereno.

Le emozioni improvvise e mal gestite – come la rabbia e l'invidia – possono irrompere nella vita quotidiana e determinare livelli di ansia difficili da controllare e capaci di innalzare i livelli soggettivi di disagio e frustrazione.

5.4.1
Alexitimia

L'*alexitimia* indica la difficoltà di codificare le emozioni, di comprendere che cosa "si sta provando" in un preciso momento, di capire la reale natura dei propri vissuti emozionali; nato dall'osservazione clinica di pazienti affetti da patologie psicosomatiche, il termine *alexitimia* è diventato di uso comune e indica la presenza – stabile o situazionale – di peculiari caratteristiche di personalità [27].

Gli *alexitimici* sono persone rigide, inconsapevoli della propria vita fantasmatica: incapaci di instaurare un rapporto autentico, sincero e coerente con se stessi, tendono invece a canalizzare ogni problema o emozione sul versante somatico.

Non riuscendo a cogliere e a esternare le proprie emozioni appaiono come soggetti "privi di emozioni ed emotivamente aridi"; interessati solo alla realtà concreta, raccontano i fatti quotidiani con ricchezza di particolari; non avendo accesso alle proprie emozioni non riescono a cogliere neanche quelle degli altri, a comprendere lo stato affettivo delle persone con cui si relazionano, mancano della fondamentale capacità di sintonizzarsi con gli altri. Ciò alimenta un senso di profonda insoddisfazione, di incomprensione e di conflittualità, che è alla base di numerose condizioni di disagio psichico individuale e relazionale.

L'*alexitimico* – nel tentativo di ridurre la propria ansia – tende ad avere disturbi fisici funzionali (*somatizzazioni*), come alcune forme di cefalea, precordialgie o disturbi gastrici, e ad assumere comportamenti disfunzionali, come l'abuso di sostanze alcoliche o droghe.

È particolarmente difficile entrare in sintonia con queste persone, che hanno difficoltà a comunicare, a capire cosa provano, a comprendere le esigenze degli altri, e tendono invece a essere irritabili, tese, difficilmente riescono a rilassarsi e a mostrare l'aspetto emotivo della propria personalità. Non avendo piena consapevolezza della propria sofferenza interiore, difficilmente riescono a percepire la sofferenza altrui e ciò è alla base di molte incomprensioni sia in ambiente familiare che lavorativo.

5.4.2
Discontrollo

Il *discontrollo emotivo* raggruppa invece tutte quelle condizioni in cui le emozioni – sia per qualità che per intensità – sfuggono al controllo della mente e diventano fonte di disagio; flussi emotivi intensi (rabbia, irritazione, paura ecc.) possono irrompere all'improvviso e porsi alla base di comportamenti violenti, aggressivi o di altri comportamenti che sfuggono totalmente al controllo razionale (*sequestro emozionale*).

Persone in pieno benessere e apparentemente tranquille possono – soprattutto sotto stress – dar luogo a manifestazioni emotive intense, afinalistiche, a gesti inconsulti, a modalità relazionali e comunicative inappropriate (urlare, insultare, offendere ecc.); molte situazioni conflittuali nascono e sono sostenute da tali moti emotivi che appaiono incomprensibili, eccessivi e non giustificati. Essi possono essere episodici o persistenti e diversificarsi in base alle loro modalità espressive, per durata e per intensità.

Vi sono persone che solo raramente "perdono le staffe" ma possono arrivare a essere furiose, irriconoscibili o particolarmente violente, altre invece tendono a essere più costantemente impulsive, a perdere il controllo emotivo della situazione, a non riflettere su ciò che si accingono a dire o a fare, a "emozionarsi" in situazioni in cui invece dovrebbero mostrare forza e determinazione.

Non avere il controllo delle emozioni può essere destabilizzante e penalizzante; si ha la sensazione di non essere padroni della propria vita, ma di soggiacere a forze di cui non si ha consapevolezza e padronanza e che spesso vengono chiamate in causa come alibi per giustificare comportamenti inappropriati (*sono fatto così, non è colpa mia se ho reagito in modo brusco...*).

Stati emotivi di *passione intensa* possono essere alla base di una compromissione persistente della funzionalità complessiva di una persona, in quanto possono determinare un'alterazione delle funzioni di giudizio nei confronti della realtà [2,18].

Persone apparentemente mature possono, per esempio, in preda a forti emozioni, abbandonare senza una valida motivazione progetti importanti o accettare situazioni di compromesso, deresponsabilizzarsi, senza giusta causa, rispetto alla propria famiglia o al proprio lavoro, cambiare stile di vita andando a investire in situazioni palesemente distruttive.

Emozioni intense e persistenti – non ben supportate da evidenze realistiche – possono far perdere di vista i veri obiettivi e una persona potrà ritrovarsi a operare scelte – talvolta importanti – in cui prevale a dismisura la componente emotiva.

Stati *emotivi confusivi* possono invece essere anche alla base di comportamenti associati alla *cultura dello sballo*.

Quando le emozioni appaiono sfocate, insignificanti, a prevalente tonalità negativa, come la noia e la tristezza, e quando non sono supportate da una personalità matura e con una delimitazione chiara del Sé, la persona, soprattutto se opera in gruppo, tende a identificarsi con gli altri, a spersonalizzarsi, a proporre e/o condividere comportamenti a rischio; ciò nel tentativo illusorio di ricucire il rapporto con il mondo e di vivere "emozioni forti", anche se non è in grado di percepirne la qualità.

In questa confusione di vissuti emotivi si va alla ricerca di stati emotivi artificiosi e di sensazioni uniche, con il rischio di ritrovarsi, il giorno dopo, in preda a vissuti depressivi.

Questo stato emotivo tende ad autoalimentarsi, a creare un circolo vizioso difficile da spezzare, ad avere un carattere coattivo; l'individuo, piuttosto che impegnarsi e affrontare i problemi della propria vita, si aggrappa a specifiche situazioni (frequentare una discoteca il sabato sera) e a comportamenti a rischio (assunzione di sostanze d'abuso, guida in stato di ebbrezza ecc.), mettendo a repentaglio la propria e altrui vita.

Condizioni di inefficacia dei processi emotivi possono generare, in definitiva, situazioni di labilità e instabilità che tendono a minacciare l'equilibrio di una persona; a parità di quoziente intellettivo il possesso di buone abilità emotive (o *consapevolezza*) offre maggiori opportunità di adottare comportamenti congrui ed efficaci in ogni situazione.

5.5
Conoscenza di Sé e comportamento

Una delle più importanti prerogative della persona matura è l'adeguatezza del comportamento: pensieri ed emozioni, infatti, se non si concretizzano in azioni, rimangono pura astrazione.

Vi sono persone che hanno mille idee e appaiono anche cariche di emozioni; riescono a essere sensibili, a esternare emozioni con naturalezza e ad affrontare argomentazioni anche complesse mostrando una buona capacità di pensiero e, tuttavia, possono ritrovarsi ad adottare stili comportamentali inefficaci e disfunzionali:

"Limitarsi a riflettere sul gioco non avrebbe alcun esito: il gioco è una pratica, bisogna giocarlo [...] Il gioco è l'esperienza del mettersi a rischio e quindi dello stare al tempo stesso dentro e fuori, ma continua anche a essere un'esperienza di godimento" [47].

Si tratta di persone inconcludenti che, nonostante un'apparente armonia dei propri processi mentali, si ritrovano bloccate o incongruenti sul versante comportamentale; possono avere bei progetti e buone idee che non riescono a realizzare, emozioni che non riescono a codificare ed esternare, fino ad assumere stili di vita in netta contrapposizione rispetto ai propri ideali.

Questa contraddizione rappresenta l'emblema della nevrosi come modalità disfunzionale e inconcludente di affrontare i problemi della vita; nel quotidiano l'evidenza di questi assunti è meno chiara e va ricercata nelle modalità usuali di comportamento dell'individuo.

Nessun comportamento trova giustificazione se disancorato dai contenuti della mente; esso si fonda sulla strutturazione della personalità, espressione del modo di essere di una persona.

Si possono affrontare mesi di impegno e di studio, ma il momento cruciale diventa quello in cui bisogna sostenere e superare l'esame, è lì che occorre avere la padronanza delle proprie conoscenze ed emozioni, è in quel preciso momento che la concentrazione deve essere massima e la resa ottimale.

Nell'affrontare compiti e situazioni specifiche l'individuo si percepisce come capace ed efficace (*autoefficacia percepita*), impara a conoscere potenzialità e limiti, impara a misurarsi con se stesso, a sentirsi motivato a persistere nell'impegno o decidere di rinunciarvi [21].

Il comportamento umano appare come l'epilogo naturale dei processi mentali e rappresenta una fonte preziosa per comprendere la personalità dell'individuo. Spesso si ritiene che la modificazione coatta dei comportamenti possa indurre una modificazione degli stili di vita; in realtà la ragione del comportamento umano è nella mente e nessuna azione esterna (che sia punitiva o premiante) può, in ultima analisi, risultare motivante al cambiamento.

L'adozione di stili di vita disfunzionali – fumo di sigaretta, alimentazione scorretta, comportamenti sessuali a rischio, irritabilità – non si modifica con campagne pubblicitarie più o meno toccanti, ma occorrono strategie incisive e profonde indirizzate alle dinamiche motivazionali dell'individuo; ogni tentativo di governare la persona dall'esterno è infatti destinato a fallire, mentre risultano vincenti le azioni che mirano a promuovere la formazione interiore del senso di affermazione del Sé, del proprio essere [47,48].

"Il *cervello che agisce* è anche e, innanzitutto, un *cervello che comprende*" [49] e qualsiasi comportamento, anche il più semplice, rispecchia la complessità della mente umana.

Caso 4

Luigi è l'ultimo di tre fratelli e lavora come portiere in un albergo, ha 27 anni e vive con i genitori; sul lavoro è stimato, non ha mai creato problemi ed è considerato un ragazzo affidabile. Lavora già da quattro anni, dopo le scuole superiori si era anche iscritto all'università, ma non avendo mai avuto un buon rapporto con lo studio ha preferito iniziare a lavorare. Da qualche anno ha una relazione con una donna sposata, più grande di lui, una relazione che al momento lo soddisfa, anche se non gli offre alcuna prospettiva. Il lavoro lo impegna molto; lavora soprattutto di notte e per lui è un grosso sacrificio; gli è stata prospettata la possibilità di accedere a turni di lavoro più equilibrati ma per il momento è solo una vaga ipotesi.

Lo scorso mese ha avuto problemi con la polizia ed è per questo motivo che mi ha consultato; infatti, oltre agli aspetti di rilevanza penale, è insorta una sintomatologia ansiosa con attacchi di panico. Luigi si è recato in una discoteca di una grande città per trascorrere una serata con gli amici, senza però saper desistere dall'assunzione di bevande alcoliche. All'uscita dalla discoteca non si è fermato a un posto di blocco, ha accelerato e ha tentato la fuga nel timore che la polizia gli potesse riscontrare un tasso alcolico elevato. La sua valutazione è stata "impulsiva ma determinata", gli era apparsa come "la cosa giusta da fare", anche se oggi non riesce a darsi una spiegazione plausibile del suo comportamento e soprattutto del perché era giunto a tali conclusioni.

Per Luigi è iniziata una serie di problemi e dovrà affrontare una causa, il gesto è passato come "una ragazzata", ma ora i sensi di colpa lo stanno mettendo in crisi e sta sviluppando vissuti di inadeguatezza, ritenendo di non meritare più la fiducia dei genitori e del datore di lavoro.

Ogni comportamento ha una sua spiegazione, anche se non sempre appare comprensibile; vi sono situazioni in cui si tende a comportarsi in modo inappropriato, a mettere in atto strategie di adattamento inefficaci e controproducenti, a reagire agli eventi con comportamenti inspiegabili e non sostenibili razionalmente.

Quanto si è consapevoli di sé e fin dove si è padroni del proprio comportamento?

Il problema non è di facile soluzione, inoltre alcuni comportamenti insorgono soprattutto in presenza di imprevisti e hanno l'aspetto di *reazioni istintive*, apparentemente ingestibili e incontrollabili.

Di fronte a tali reazioni c'è da chiedersi: quali strumenti psicologici, in grado di implementare le difese personali e in grado di garantire una maggiore stabilità e prevedibilità di risposta comportamentale, possiamo acquisire?

Le risposte della psicologia moderna sono perentorie; non ci si affida al caso e alla sorte; le reazioni inconsulte emergono soprattutto dove esistono contraddizioni interiori e mancanza di consapevolezza del proprio Sé.

Imparando a conoscere il mondo interiore, il proprio modo di essere – la *conoscenza del Sé* – si diventa più abili ad adottare in ogni circostanza comportamenti congrui ed efficaci.

6.1
Importanza del binomio essere e progettare

Caso 1

Sabrina gestisce un'agenzia di assicurazioni, ha 34 anni e vive da sola da quando, in seguito al persistere di conflitti con i genitori, ha lasciato il nucleo familiare d'origine. Sabrina ha ereditato il portafoglio di clienti di Patrizio, con cui ha collaborato per molti anni acquisendo un buon livello di esperienza e professionalità; all'inizio non ha dovuto fare molti sforzi, il lavoro era avviato e la clientela era selezionata e affidabile. Patrizio ha sempre lavorato con puntualità e precisione, con una metodologia di lavoro che è risultata valida, basata sulla capacità di comprendere le esigenze del cliente e offrirgli i prodotti assicurativi più consoni.

Sabrina ha iniziato a lavorare in autonomia, ma a un certo punto ha deciso di cambiare atteggiamento nei confronti della clientela; si è sentita forte e sicura di sé, ha iniziato a organizzare il lavoro in rapporto alle esigenze personali e a porsi obiettivi più ambiziosi, senza considerare le condizioni del mercato assicurativo e la maggiore spinta concorrenziale. Nel giro di qualche anno sono iniziati i problemi, Sabrina non riesce a seguire le pratiche con la puntualità cui era abituata e sta emergendo una conflittualità con la clientela difficile da gestire; il suo errore è stato di enfatizzare i successi del passato, di sostenere l'attività presente in modo frammentario senza una metodologia chiara e, soprattutto, non ha definito gli obiettivi principali su cui far convergere gli sforzi progettuali futuri.

Caso 2

Mirella lavora come segretaria in un'agenzia di comunicazione, ha 27 anni e il suo rammarico è di non avere proseguito gli studi universitari; dopo la maturità classica ha dovuto cercare un lavoro per necessità economiche, non potendo più contare sull'aiuto della madre che vive con una piccola pensione. Del padre non ha notizie da quando – quindici anni fa – ha lasciato la casa per andare a vivere in un'altra città con un'altra donna. Come segretaria è stata sempre attenta a seguire ogni pratica con particolare attenzione, non limitandosi a seguire le direttive, ma cercando di anticipare le soluzioni a problemi emergenti e di proporre nuove iniziative finalizzate al miglioramento della gestione dell'attività. Nei ritagli di tempo ha seguito corsi di aggiornamento e ha cercato con ogni mezzo di implementare le conoscenze tecniche, in modo da essere in grado di lavorare con un atteggiamento costruttivo. È riuscita anche a imparare l'inglese e il francese, con grossi sacrifici e, grazie alla motivazione per la crescita professionale, a raggiungere gradi di conoscenza che le consentono di sostenere buoni livelli di conversazione.

A Mirella tutto ciò è servito per acquisire all'interno dell'agenzia una posizione ottimale e ottenere un buon potere contrattuale nei confronti dei titolari che ora le hanno proposto una promozione. La sua abilità consiste nel non arrendersi all'ordinario e di non accontentarsi della posizione acquisita; pur consapevole delle proprie lacune, ha cercato negli anni di assumere un atteggiamento positivo e costruttivo nei confronti del lavoro, con l'intento di acquisire competenza e professionalità che le permettano di essere più ottimista rispetto al futuro.

Da qualche anno Mirella frequenta un ragazzo con cui sta cercando di instaurare una relazione stabile: si sente più sicura di sé e meno vulnerabile rispetto alla posizione lavorativa, mentre in passato riteneva che una relazione affettiva fosse di ostacolo alla sua crescita professionale.

Caso 3

Pina si è appena laureata in psicologia, si è abilitata e si è iscritta a una scuola di specializzazione per l'abilitazione all'esercizio della psicoterapia; è consapevole che la professione scelta comporta un percorso formativo lungo, che richiede un impegno notevole sul piano personale poiché deve anche seguire una psicoterapia individuale. Da qualche mese ha iniziato a frequentare come volontaria un centro di salute mentale e appare molto motivata sul piano professionale. Il disagio di Pina nasce dal desiderio di essere autonoma, anche se non ha mai parlato di conflittualità familiare, parla molto bene dei genitori e delle due sorelle più piccole di lei. Il suo desiderio di autonomia è soprattutto di tipo economico, non vuole più gravare sui genitori, anche se le condizioni economiche familiari sono buone e non vi è mai stata forzatura da parte loro in questo senso.

Pina è convinta che solo l'autonomia economica le consentirà di programmare al meglio il suo futuro ed è per questo che ha scelto di lavorare presso una comunità per disabili, pur consapevole che ciò comporterà un enorme dispendio di energia – anche perché non è il tipo di lavoro che vorrebbe fare – con allungamento dei tempi della formazione, e con margini di guadagno non proporzionati all'impegno orario e alla professionalità richiesta.

Ha ritenuto tuttavia essere questa la scelta più giusta e più idonea per la sua crescita umana e professionale.

La possibilità di operare scelte è legata alla percezione che si ha di sé in rapporto al mondo ed è condizionata dalla capacità personale di porsi obiettivi coerenti con il proprio modo di essere.

Essere e *progettare* è un binomio fondamentale per comprendere l'importanza delle scelte nella loro attualità, soprattutto oggi che si assiste a un'*accelerazione della storia*, con conseguente necessità di modificare gli stili comportamentali come risposta di adattamento ai cambiamenti della società.

Lo si è visto con internet, con il telefono cellulare e con tutte le nuove tecnologie a disposizione dell'uomo, ma lo si è visto anche con la crisi economica degli ultimi anni, con l'attentato dell'11 settembre a New York, con l'incalzare dei temi riguardanti l'instabilità nel mondo del lavoro e con tutti gli altri problemi e contraddizioni della società odierna.

Il ritmo di vita che viene oggi richiesto all'uomo sembra sottrarre molto tempo alla riflessione e si assiste molto spesso a un paradosso: nonostante le migliorate condizioni di vita, dovute anche al progresso della medicina, non si è avuto un miglioramento adeguato della qualità della vita.

Una condizione di comune osservazione, che si rileva nella popolazione generale, è una *frammentazione del presente*, svincolato dal passato e privo di progettualità futura, di un vivere la tirannia dell'effimero (la *modernità liquida*) che si fonda sulla dimensione del momentaneo e sottrae all'uomo la possibilità di scelte consapevoli [50].

La *frammentazione* dell'esperienza non riflette più l'identità della persona – il suo essere – ma i modelli proposti e imposti dalla società; si viene così a creare un circolo vizioso che alimenta vissuti di insoddisfazione e frustrazione, poiché le scelte dell'individuo non sono più autentiche e non riflettono le aspirazioni personali.

L'effetto primario di questa *frammentazione* è la mancata costruzione di una "storia personale" in cui potersi identificare e riconoscersi e il pericolo maggiore è il rischio di essere inglobati in modelli o gruppi che tendono a sostituirsi all'Io – *spersonalizzazione* –, facendo perdere all'individuo il controllo del proprio modo di pensare e di agire.

Nell'esperienza clinica tutto ciò si traduce in un aumento delle condizioni di disagio psichico, di ansia, di depressione e di insonnia; le dimensioni della psicopatologia nella popolazione generale sono note e si prospetta un incremento futuro di patologie psichiatriche, come la depressione, o di quadri clinici, come i disturbi del comportamento alimentare, del *gambling*, di quadri psicopatologici a prevalente espressività comportamentale, come *acting-out* auto o eteroaggressivi (suicidi, omicidi ecc.).

In questa situazione diventa urgente il contenimento del disagio e della sofferenza psicologica e non vi è spazio per la progettualità; ogni risorsa disponibile è impegnata a stemperare le ansie e gli affanni quotidiani, non si ha quella serenità che consente di migliorare la qualità della vita.

Una modalità diversa di vivere il presente si fonda invece sulla consapevolezza e sull'esigenza primaria di ogni persona di vivere con soddisfazione e serenità [51]; l'obiettivo fondamentale deve essere il raggiungimento di un livello di gratificazione concreto e attuale – indipendentemente dall'età e dalle vicende della vita – che consente di guardare con ottimismo al futuro.

Si può essere soddisfatti anche quando vivere è faticoso, come si può essere insoddisfatti anche quando va tutto bene; la percezione del proprio benessere rispetto al presente è complessa (*non mi manca niente, eppure non sono contenta del presente...*), di non facile accesso (*mi capita spesso di sognare di cambiare vita, pur non avendone motivo...*), condizionata da variabili personali (*avrei desiderato essere un'altra persona...*) o da fattori esterni (*da quando mi sono lasciata con il mio fidanzato mi sento persa e non sono più contenta della mia vita...*).

Nella valutazione del grado di benessere soggettivo entrano in gioco molti fattori, non sempre di facile identificazione; nel presente spesso vengono riversate le ansie del passato, i conflitti, e si rafforza l'idea che "se si è fatti in un certo modo non si può cambiare".

Il presente deve assumere invece un valore preciso di riferimento, sia in condizione di benessere sia in presenza di situazioni di difficoltà o disagio; vivere il pre-

6

sente con consapevolezza vuol dire essere in grado di focalizzare l'attenzione sui valori essenziali della vita ed evitare distrazioni o vissuti che comportano inutili sprechi di energia.

Alcuni segnali – o *sintomi* – possono aiutarci a comprendere il livello di soddisfazione rispetto al presente e a rappresentarci il grado di *autoconsapevolezza*. Vi sono, per esempio, nella pratica clinica sintomi come l'insonnia che, se ricorrenti e persistenti, possono causare situazioni di disagio o essere espressione di veri disturbi psichiatrici.

L'insonnia è un'affezione che colpisce molte persone e il più delle volte inizia in maniera subdola, in occasione di periodi di rilevante stress; la richiesta più comune che viene fatta al medico è quella di un *sonnifero*, di un rimedio farmacologico in grado di regolarizzare il sonno e consentire il normale svolgimento delle attività diurne.

Manca invece la richiesta di lettura e comprensione del sintomo insonnia, che può esprimere un malessere psicologico che va individuato e curato.

Perché una persona dovrebbe riposare bene se è insoddisfatta del suo presente? Come potrebbe dormire tranquilla se nel corso della giornata si sono accumulate tensioni e preoccupazioni che non si è riusciti a gestire? Come dormire se si trascinano problemi che non si è in grado di risolvere?

L'insonnia diventa così un segnale di disagio e di insoddisfazione, una richiesta di aiuto che una persona rivolge a se stessa e che spesso viene fraintesa, non compresa o ignorata, fino a quando non diventa fonte di notevole disagio personale e relazionale.

Come per l'insonnia altre manifestazioni possono indurci a riflettere sul livello personale di insoddisfazione.

- *Stanchezza*. Si può avvertire in alcuni momenti della vita una sensazione di stanchezza – soprattutto la sera – nonostante il lavoro sia soddisfacente e si abbia una situazione di tranquillità. Perché mi sento stanco? Non dovrei essere soddisfatto? Da cosa proviene questa stanchezza? È proprio vero che il lavoro mi soddisfa e che va tutto bene? O vi è forse la necessità di capire cosa sta succedendo?

- *Noia* e *tristezza* possono essere altri segnali che impongono un momento di riflessione in quanto colorano di nero la giornata e lasciano una penosa sensazione di insoddisfazione che diventa motivo di frustrazione; soprattutto se la noia e la tristezza compaiono in situazioni di apparente tranquillità, ovvero in assenza di particolari problemi, è necessario ragionare sul perché si vivono emozioni negative e su cosa fare per rivitalizzarsi.

- L'*irritazione* e la necessità persistente di dover fare qualcosa (*iperattività compulsiva*) possono essere indicativi di un tentativo dell'organismo di tenere lontano dalla consapevolezza i problemi del quotidiano, temendo di non essere in grado di gestirli. Tali manifestazioni possono avere carattere difensivo, protettivo: ignorando i problemi si ha un'illusoria sensazione di benessere, tradita da comportamenti che invece diventano progressivamente fonte di maggiore disagio o franca patologia.

- *Emozioni vaghe*. A volte si sta bene ma non si è contenti, si avvertono sensazioni indefinite, nel complesso si è soddisfatti della propria vita, ma "c'è qualcosa che non va", si è attivi, energici, il funzionamento globale è complessivamente positivo, ma il livello di gratificazione non è elevato come dovrebbe essere; forse si vuole qualcosa di più dalla vita, ma senza cambiare nulla e ci si accontenta della realtà (*va bene anche così, in fondo sto bene, meglio lasciare le cose come stanno...*).

Viceversa, vi sono altre manifestazioni che riflettono uno stato d'animo positivo, un livello di soddisfazione che occorre saper *mentalizzare* per poter riconoscere e valorizzare gli aspetti positivi della vita.

È più facile per la mente codificare i vissuti negativi e riprenderli nei momenti positivi, piuttosto che rafforzare i vissuti positivi che possono essere di aiuto nei momenti di difficoltà. Ciò per un naturale meccanismo di difesa di carattere evolutivo; è più importante infatti per l'organismo riconoscere i segnali negativi – utili per la sopravvivenza della specie – piuttosto che quelli positivi che, non inducendo preoccupazione e allarme, possono passare inosservati.

Questa è anche la probabile spiegazione del perché ci si dimentica più facilmente delle buone azioni piuttosto che di quelle cattive; è più facile che una sola cattiva azione (per esempio un tradimento occasionale da parte di uno dei due partner o una cattiveria operata dal proprio superiore) possa compromettere anni di amicizia, piuttosto che tante buone azioni compiute nel corso degli anni.

Tra gli stati d'animo da *mentalizzare* ne ricordiamo alcuni.

- *Pienezza* e *rilassamento* sono sensazioni che emergono soprattutto di sera, quando al termine della giornata occorre predisporsi al sonno; ci si sente tranquilli, rilassati, vi è una riduzione della capacità di attenzione all'ambiente circostante e si è concentrati su se stessi.
- *Contentezza* e *leggerezza* possono caratterizzare i momenti della giornata in cui le attività vengono svolte con agilità e non comportano una sensazione di stanchezza; si tratta di vissuti passeggeri, sensazioni positive che – seppur transitorie – possono colorare di positivo la quotidianità (*questa mattina prima di andare a lavorare ho incontrato Patrizia, la giornata è trascorsa velocemente e non mi sono stancato...*).
- La *sensazione di utilità* è uno stato d'animo importante per tutti, quando ci si sente utili per qualcuno o per qualcosa il senso di gratificazione personale è profondo. Chiedersi quando e perché si prova una tale sensazione può contribuire ad affinare il livello di consapevolezza del proprio essere e a cercare le esperienze e le relazioni in cui il feedback principale sia un vissuto di utilità.
- Il *flow* o *flusso emotivo* si riferisce a un particolare tipo di esperienza che è così piacevole e coinvolgente da diventare *autotelica*, cioè tale che vale la pena di farla per se stessa [52] e il semplice fatto di agire funge da fattore altamente motivante (Tabella 6.1). Nel *flow* si riesce a esprimere il meglio di Sé (*oasi di efficienza corticale*) con il minore dispendio di energia, si riesce a essere altamente efficaci senza particolari sforzi e a ricavare da questa esperienza un livello soddisfacente di gratificazione. Imparare a cogliere quelle situazioni in cui l'esperienza presente è intensa e gratificante può aiutare una persona a comprendere in quale direzione orientare i suoi sforzi.

6

Tabella 6.1 Il flusso

Il flusso o neurobiologia dell'eccellenza (*flow*) è la condizione di massima efficacia operativa dell'individuo, è un'esperienza esaltante e intensa della mente, nei suoi aspetti cognitivi ed emotivi.
Nel flusso
- le emozioni sono positive ed energizzanti;
- vi è una sensazione di gioia spontanea;
- il compito costituisce una sfida;
- le prestazioni vengono eseguite senza dispendio di energia e con la massima concentrazione;
- gli obiettivi sono chiari e vi è un controllo magistrale su ciò che si sta facendo;
- si ha un feedback immediato e il pensiero è dinamico e fluido;
- si prova un coinvolgimento personale profondo e istintivo;
- il senso di identità si dissolve e non vi sono preoccupazioni;
- il tempo trascorre velocemente e anche il lavoro più gravoso è fonte di gratificazione.
Come l'estasi dell'artista che dipinge un'opera d'arte, l'esperienza del flusso, in ogni ambito, rappresenta il prerequisito dell'eccellenza.

Una migliore consapevolezza del presente deve sempre comprendere una valutazione accurata del passato e una progettualità futura.

Rispetto al passato c'è sempre qualcosa che non ha funzionato, qualche scelta che non è risultata vincente, delusioni e traumi che hanno lasciato il segno o esperienze che hanno generato sensi di colpa.

Il passato può talvolta gravare sul presente, influenzare lo stato d'animo e condizionare la vita di un individuo al punto da indurre vissuti di scoraggiamento (*non ho mai saputo superare quell'esperienza traumatica... ho avuto dei genitori che non mi hanno saputo aiutare... non potrò mai liberarmi dai condizionamenti del passato...*) che inconsapevolmente generano un senso di impotenza (*impotenza appresa*), che a sua volta porta a ritenere ogni azione futile in quanto incentrata su un'alta potenzialità di fallimento e di sconfitta [3].

Una visione equilibrata del passato non è facile da sostenere perché richiede un buon livello di maturazione della personalità; le esperienze passate gravano in senso negativo sulla persona soprattutto nella nevrosi mentre, in condizioni normali, ogni esperienza deve essere contestualizzata e valutata con obiettività, senza che abbia più a pesare sulle scelte future.

Una buona consapevolezza del presente non può prescindere da una visione del futuro positiva e ricca di progettualità; l'elemento cardine di questa condizione è la *speranza*. Anche nei momenti di maggiore tristezza, o quando ci si trova a vivere esperienze traumatizzanti, l'idea che il futuro possa essere migliore dà la forza per andare avanti: la *speranza e l'ottimismo* alimentano la vita e favoriscono la canalizzazione di ogni energia in azioni concrete e costruttive mentre la *disperanza* e il *pessimismo* causano inerzia e inattività [3,24].

La valutazione della quantità e della qualità dei progetti di un individuo, la loro concretezza e fattibilità, l'impegno e la perseveranza nel perseguirli possono essere indicativi di una tensione positiva verso il futuro, elemento fondamentale per vivere bene il presente.

6.2
La sintonizzazione emotiva

L'*essere* non può prescindere dalla dimensione relazionale in quanto la sua consapevolezza trova la massima espressività nella capacità di relazionarsi agli altri [2,11,40].

Una parte importante della vita è spesa per gli altri e gran parte delle situazioni di disagio nascono nell'incontro quotidiano con gli altri, nelle relazioni che si instaurano, siano esse legate a circostanze specifiche o di lunga durata.

È impressionante, per esempio, l'energia psichica che molti medici spendono – periodicamente – per trovare un accordo sui turni di servizio e quante discussioni, amarezze e discordie nascono per la distribuzione dei carichi di lavoro in qualsiasi azienda.

Le discussioni imbarazzanti e dispersive in ambito familiare, lavorativo o sociale sono all'ordine del giorno e molte discordie fondano la loro ragione su argomentazioni futili – la *banalizzazione del quotidiano* – che però nascondono una profonda incapacità di sostenere rapporti efficaci e centrati sulla comprensione delle dinamiche relazionali.

La rete delle relazioni è fondamentale per la sopravvivenza dell'individuo e per il suo benessere, ma tale rete può imbrigliare e diventare soffocante se alla base delle relazioni non vi è una predisposizione ad accettare il punto di vista degli altri e ad averne rispetto.

Alla base di molte incomprensioni vi è la mancanza di confidenza emotiva con se stessi (*alexitimia*) e la conseguente incapacità di modulare la giusta distanza emotiva con gli altri (*empatia*); scarsa autostima, insicurezza e ipertrofia dell'Io (sentirsi superiori agli altri) rendono ancora più difficile l'efficacia relazionale.

Non si può avere lo stesso atteggiamento nei confronti di tutti, ma occorre saper modulare i rapporti differenziandoli a seconda del tipo di relazione che si vuole instaurare.

Dal punto di vista biologico esiste una particolare propensione alla *sintonizzazione emotiva* o *relazionale* in quanto l'organismo è predisposto – grazie al meccanismo dei *neuroni specchio* – a comprendere in modo intuitivo e immediato le reazioni emotive degli altri [11,49].

Tale meccanismo biologico serve a favorire la cooperazione interindividuale, la comprensione immediata di ciò che si può fare insieme per affrontare meglio le difficoltà della vita o lavorare su progetti comuni.

Andare a caccia con gli amici, eseguire un intervento chirurgico in équipe, vivere l'esperienza di coppia, partecipare a un lavoro di gruppo: in ognuno di questi casi è importante avere relazioni sinergiche ed efficaci.

La condivisione del modo di pensare e delle emozioni, nel rispetto reciproco, rende più agili le relazioni (*è come se la pensassimo allo stesso modo... non ho bisogno di spiegargli cosa fare perché lo intuisce subito... abbiamo affrontato insieme tante difficoltà perché ci si comprende...*) e comporta una drastica riduzione della conflittualità relazionale.

6

Fondamentalmente gli individui sono predisposti alla cooperazione e alle relazioni sociali, che sono fonte di soddisfazione e migliorano la qualità della vita.

Caso 4

Gina e Sandro sono sposati da quattro anni, lavorano entrambi in un centro commerciale e hanno una figlia di due anni. Si sono conosciuti a una festa di compleanno dieci anni prima del matrimonio e vi è stata subito un'intesa perfetta; gli anni di fidanzamento e il successivo matrimonio sono stati vissuti con grande entusiasmo e con profonda sintonia da entrambi sia sul versante razionale che emotivo. Descritti come coppia modello, hanno affrontato con fermezza e perfetta intesa diverse difficoltà – sia economiche sia per problemi di salute dei rispettivi genitori –, riuscendo in ogni occasione a trovare l'accordo anche in presenza di divergenze di pensiero. L'occasione di lavorare insieme ha ulteriormente rafforzato la relazione e come coppia sono stati capaci di crearsi una solida rete di amici che frequentano con assiduità.

Da alcuni mesi però le cose non vanno più come prima: in seguito a un litigio di Gina con il suocero – una discussione banale – si è rotto quell'equilibrio che li faceva apparire come una coppia solida e stabile. Gina e Sandro hanno iniziato a litigare con sempre maggiore intensità anche in presenza della figlia e degli amici, tanto da arrivare a prendere in considerazione l'ipotesi di una separazione, motivo per cui sono stato consultato.

È iniziato un periodo davvero buio che sta mettendo in crisi il matrimonio e riducendo progressivamente la possibilità di riconquistare l'intesa affettiva e la serenità.

Le relazioni incidono profondamente sulla vita di una persona e non esiste nessuna garanzia rispetto alla loro efficacia e stabilità.

La *sintonizzazione relazionale* si presenta come un processo complesso e spesso difficile da codificare; non sappiamo con esattezza cosa succede quando emergono difficoltà relazionali o quando, anche dopo anni di forte affettività e condivisione di esperienze, insorgono forti conflitti.

Il presente è fluido e meno faticoso quando l'esperienza relazionale è intensa e vitale, ma non sempre siamo in grado di comprendere la reale natura delle relazioni e le loro dinamiche psicologiche.

Qualsiasi relazione richiede impegno e rispetto e i versanti razionali ed emotivi di ogni rapporto devono compensarsi; la relazione interessa la persona nella sua globalità e sicuramente la comprensione dei fondamenti della personalità dell'altro può aiutarci a comprendere meglio le dinamiche relazionali.

Gran parte del lavoro clinico di uno psichiatra è improntato alla comprensione di queste dinamiche che rappresentano la più frequente delle cause di condizioni di disagio psichico. Imparare a gestire meglio gli aspetti relazionali della vita – *intelligenza sociale* [2] – può rappresentare un obiettivo fondamentale per il benessere personale, un obiettivo che richiede attenzione e impegno costanti.

6.3
Autenticità e falso Sé

Nel modulare gli aspetti della vita relazionale ci si accorge dell'importanza di essere *autentici* ma ci si rende conto che non sempre è possibile, vi sono circostanze in cui è bene mantenere una distanza discrezionale dagli altri a salvaguardia della propria identità.

L'autenticità è un bene prezioso, va considerata un valore e le fatiche che comporta rappresentano un buon investimento per la propria salute fisica e psichica.

Chi ha difficoltà a essere autentico ha più problemi di salute, è più vulnerabile allo sviluppo di condizioni di disagio psicologico e di patologie organiche, tende a essere incoerente e meno soddisfatto della propria vita, insicuro, instabile e inaffidabile; nei rapporti con gli altri tende a mascherare la propria insicurezza attraverso lo sviluppo di atteggiamenti difensivi caratterizzati dal camuffamento delle proprie emozioni e dei propri pensieri autentici (*falso Sé patologico*).

Dinanzi a questi atteggiamenti non si riesce a comprendere quale sia il modo di pensare di una persona, quali siano le sue reali intenzioni e le sue motivazioni per instaurare rapporti leali o, al contrario, rapporti di comodo.

Il *falso Sé patologico* nasce da una scarsa definizione dei confini dell'Io; il processo di maturazione dell'Io parte dall'illusione infantile di onnipotenza e si sviluppa attraverso la graduale disillusione che sopraggiunge man mano che il contatto con la realtà prende corpo.

Il bimbo impara gradualmente a riconoscere se stesso diverso dal mondo e dagli altri, a relazionarsi agli altri, a riconoscere i propri limiti e le proprie potenzialità, ciò che può fare e ciò che invece è bene non fare (i "no" che insegnano a crescere.); impara a dare un'impronta personale alla propria vita.

Da piccoli tutto ci sembra bello e tutti ci sembrano più "bravi" e più "grandi" di noi: nascono i miti, le persone che ammiriamo e di cui ci fidiamo.

Man mano che si cresce il confronto con la realtà diventa più aspro, ci si accorge dei limiti degli altri e della realtà stessa e s'impara che occorre essere prudenti nel valutare le persone e i fatti.

Tutto si ridimensiona e, grazie a questo processo, il vero sé ha l'opportunità di esprimersi in modo autonomo: cadono i miti, nasce il Sé, espressione dell'Io adulto e maturo, con confini ben delineati.

L'*autenticità* è quindi l'espressione del vero Sé, che rappresenta il nucleo portante della personalità di un individuo.

La necessità di modulare l'espressione della propria autenticità (*falso Sé fisiologico*) tende invece a proteggere l'individuo da un eccesso che, in alcune circostanze e nei confronti di alcune persone, può risultare inappropriato poiché, se si mette completamente a nudo il proprio Sé, talvolta si può correre il rischio di essere sopraffatti dagli altri.

Il *falso Sé* non ha in questi termini connotazioni negative, ma serve all'individuo a esprimersi adeguando l'intensità delle relazioni in rapporto al contesto e alla personalità dell'interlocutore; rappresenta la giusta prudenza che occorre avere nei

6

confronti degli altri.

Il *falso Sé* salvaguarda l'individuo dall'ingenuità, dal credere ciecamente negli altri, dal fidarsi senza giusta motivazione; diventa – se ben modulato – un fattore protettivo della propria integrità psicologica.

Vero e *falso Sé* non si contrappongono ma rappresentano modi diversi di rapportarsi agli altri, entro l'espressione della propria *autenticità*.

6.4
Consapevolezza e felicità

La consapevolezza del presente e la propensione al futuro costituiscono la premessa indispensabile per sentirsi soddisfatti della propria vita ma ciò non garantisce la *felicità* [43], naturale aspirazione di ogni essere umano.

Vi è una certa difficoltà nel definire la *felicità*, che spesso appare un concetto astratto, comprensibile solo in termini filosofici o letterari.

Si può essere felici? Può la consapevolezza del presente garantire adeguati livelli di felicità?

Dal punto di vista organico i principali meccanismi di appagamento – *soddisfazione* – sono rappresentati da funzioni biologiche essenziali, quali, per esempio, lo stimolo per il cibo e per il sesso; quando si ha fame il desiderio di mangiare cresce, creando una condizione di disagio, e ciò avviene anche per l'attività sessuale.

A stomaco pieno ci si sente appagati, soddisfatti, ma solo fino a quando l'appetito non ritorna; è lo spirito di sopravvivenza: si ha bisogno di mangiare per sopravvivere, si ha bisogno di avere rapporti sessuali per la sopravvivenza della specie.

In questi termini la soddisfazione è transitoria ed effimera ma anche propulsiva e insistente; non viene mai a concretizzarsi uno stato di appagamento definitivo, ciò che conta è la continuità del desiderio e la necessità di appagarlo.

Dal punto di vista psicologico si verifica un meccanismo simile: con l'aumentata disponibilità di fonti di benessere ci si aspetterebbe infatti un incremento dei livelli medi di soddisfacimento [43,52]; in realtà, nonostante ciò, si constata un aumento esponenziale di condizioni di disagio psicologico e di malessere esistenziale.

Caso 5

Lidia e Giuseppe sono due medici che lavorano, come cardiologo e ginecologo, in una nota azienda ospedaliera, sono sposati da oltre dieci anni e hanno due figlie, una delle quali ha sviluppato un disturbo del comportamento alimentare, motivo per il quale mi hanno consultato. Dal colloquio non emergono situazioni di particolare conflittualità, si descrivono come una coppia serena, impegnata; ora stanno raccogliendo i frutti di anni di sacrifici per cui non si sarebbero mai aspettati questi problemi con la figlia. Sono riusciti a costruirsi una villa (*abbiamo investito per anni ogni nostro guadagno...*), ad acquistare una casa al mare e un'auto di grossa cilindrata per loro e per le figlie.

Ciò ha significato un impegno lavorativo incessante; entrambi svolgono anche un'attività privata intensa che lascia poco spazio agli impegni familiari. Lidia e Giuseppe non hanno potuto così seguire con cura le due figlie, che sono state accudite da diverse babysitter.

Dai colloqui emerge, tuttavia, un'affannosa necessità di lavorare e accumulare soldi per reinvestirli in oggetti o beni costosi, che non sembrano dare adeguati livelli di soddisfazione.

Il benessere economico non ha portato a un aumento della *felicità* intesa, in senso generale, come *prosperità* e *realizzazione delle proprie potenzialità* [24,43], come ricerca di soddisfazione per ciò che veramente ha senso e come propensione all'impegno quotidiano per il raggiungimento di obiettivi importanti per il proprio benessere [8].

La ricerca dell'essenziale, di ciò che conta nella vita, il ridimensionamento degli obiettivi eccessivamente ambiziosi e la rinuncia a qualche porzione di guadagno per recuperare tempo ed energie possono rappresentare un primo ed essenziale passo in avanti per migliorare la propria qualità della vita e sentirsi più sereni.

Il fitness cognitivo-emotivo

7

7.1
Blocco mentale e potenzialità della mente

Caso 1

Lucio è un ragazzo brillante, laureato in Economia e commercio lavora come agente assicuratore presso una nota agenzia; ha un rapporto a tempo indeterminato e ha un buon portafoglio di clienti. Ci sa fare a vendere i prodotti assicurativi e a stringere relazioni con i clienti, per molti dei quali è diventato una persona di fiducia. Ha 28 anni e nell'ambito dell'agenzia, pur disponendo di una propria autonomia decisionale e operativa, non riesce ad avere un buon rapporto con Gianluca – suo diretto superiore –; ogni occasione diventa motivo di discussione e di conflitto. Lucio pensa che Gianluca soffra di gelosia e che cerchi di trovare il modo per estrometterlo dall'agenzia, in quanto lo vede come un pericolo per la sua posizione dirigenziale; ciò avrebbe fatto scattare negli ultimi sei mesi una serie di contestazioni ufficiali, in merito all'espletamento di alcune pratiche, che Lucio ritiene siano mirate al licenziamento (*sta facendo di tutto per farmi licenziare... mi sta creando tutta una serie di problemi faziosi e privi di contenuto...*).

La situazione si sta progressivamente aggravando ed è diventata insostenibile, nonostante le buone performance lavorative Lucio vive una realtà difficile da gestire che è diventata motivo di disagio e sofferenza (*da alcune settimane non riesco a dormire... non riesco a capire per quale motivo Gianluca mi stia perseguitando... l'amministrazione centrale lo asseconda e io non so cosa fare...*). Ha così deciso di prendersi un periodo di malattia e, su mio consiglio, ha iniziato una psicoterapia mirata all'identificazione di specifiche *strategie di coping* che gli consentano di affrontare nel migliore dei modi la situazione.

A distanza di sei mesi dall'inizio del trattamento la situazione è ulteriormente peggiorata in quanto Lucio ha deciso di prolungare, per quanto possibile, il periodo di malattia e di citare in giudizio l'azienda per mobbing, la sua produttività è diminuita e tuttavia si sente sicuro rispetto al futuro (*sicuramente troverò un altro lavoro... sono bravo... ho il mio portafoglio di clienti...*).

Nell'affrontare il capitolo del fitness *cognitivo-emotivo* occorre premettere che nessuna crescita è possibile in presenza di *blocchi mentali*, poiché questi creano un filtro tra l'individuo e l'ambiente tale da comportare l'inibizione di iniziative positive [53-55].

Dal punto di vista psicologico per *blocco mentale* s'intende una condizione di stasi e inerzia in cui si perdono di vista gli obiettivi principali, andando a investire energie sul mantenimento di situazioni o relazioni marginali che comportano un arresto della crescita umana e professionale.

Come nel caso di Lucio, l'attenzione viene diretta in un'unica direzione (*devo fargliela pagare!... non possono trattarmi così...*), perdendo di vista la visione d'insieme (*l'obiettivo è di arrivare al licenziamento con un indennizzo...*), abbandonando di fatto la pratica professionale (*sarò in grado di fare meglio in futuro...*) e ogni iniziativa utile all'accrescimento delle proprie competenze (*sono molto distratto e non riesco a seguire corsi di aggiornamento...*).

Le condizioni di *blocco mentale* sono molto più frequenti di quanto si possa immaginare e spesso non si è in grado di valutare la presenza e l'impatto che hanno sull'economia psichica di una persona; essere in grado, invece, di vedere la realtà con serenità e con una prospettiva più ampia è il prerequisito per il successo personale [54] e per evitare situazioni di impasse.

Nell'osservare la situazione di Lucio dall'esterno si possono fare tante considerazioni e sicuramente il suo modo di reagire non può essere criticato a priori; non sappiamo se è il suo comportamento a innescare controreazioni in Gianluca o se vi sia un vero intento persecutorio da parte di quest'ultimo. Di sicuro è una situazione di disagio che sta mettendo a repentaglio la professionalità di Lucio, il quale continua a manifestare, con sempre maggiore evidenza, una serie di disturbi psichici e a "non essere più un ragazzo brillante come prima"; d'altra parte anche l'atteggiamento dell'amministrazione non sembra mirato alla risoluzione del conflitto – si potrebbe, per esempio, chiedere a Lucio di trasferirsi in un'altra sede –.

Il *fitness cognitivo-emotivo* ha come obiettivo primario di aiutare una persona ad affinare la capacità di operare scelte adeguate a sostenere il proprio benessere psicofisico, grazie a un allenamento costante dei processi mentali, sia cognitivi che emotivi.

È oggi ampiamente dimostrato dal punto di vista scientifico che le capacità cognitive ed emotive dell'individuo non diminuiscono con l'età ma che, se opportunamente sottoposte ad allenamento, garantiscono nel tempo prestazioni più efficaci e maggiore vitalità.

Il processo di *neurogenesi* è fortemente influenzato dallo stile di vita, poiché le cellule cerebrali traggono giovamento sia dall'esercizio fisico che da quello mentale [6,44].

Nella situazione esaminata Lucio ha avuto la possibilità di valutare diverse opzioni comportamentali:
- continuare a lavorare con impegno; avendo un buon fatturato, ogni azione di contrasto da parte dell'azienda non avrebbe compromesso la sua efficacia, inoltre il suo lavoro è basato su un elevato grado di autonomia operativa;
- attuare opportune strategie per ridurre le situazioni di conflitto ed evitare lo scontro; un atteggiamento più remissivo e distaccato avrebbe, per esempio, potuto limitare le discussioni e i contrasti;

- rafforzare la propria professionalità e cercare altre opportunità lavorative; puntando a implementare il proprio potere contrattuale – legato al numero e alla qualità dei clienti – si è più propensi anche a prendere in considerazione altre alternative;
- tentare di accordarsi con l'azienda per una risoluzione pacifica del contratto con un equo indennizzo, onde evitare di andare in giudizio e di usufruire di periodi di malattia che, in ogni caso, vanno a discapito della professionalità.

Non è facile scegliere ed essere poi determinati nel portare avanti la scelta operata; in linea generale per esprimere il meglio di sé e avviare un processo di *fitness cognitivo-emotivo* è importante:

- mantenere con soddisfazione lo *status quo*;
- attuare un programma di monitoraggio continuo del proprio rendimento;
- sviluppare una realistica fiducia verso le innovazioni;
- avere un atteggiamento positivo – *ottimistico* – nei confronti della vita;
- avere come obiettivo il miglioramento delle proprie abilità umane e professionali.

Il mantenimento dello *status quo* non è scontato o automatico ma richiede impegno e sacrificio costanti; infatti per poter essere sempre all'altezza delle situazioni occorre saper sostenere una performance stabile ed efficace, garantita da un attento programma di monitoraggio del proprio rendimento; tale monitoraggio tende a dare stabilità agli impegni attuali, a garantire affidabilità e coerenza, a promuovere l'innovazione e la ricerca di nuove opportunità.

La presenza di un *atteggiamento positivo* nei confronti della vita favorisce questo processo, alimentando la fiducia nelle proprie capacità e promuovendo la naturale tendenza all'*ottimismo* quale dimensione motivazionale dell'uomo; ciò rende più concreto e forte l'impegno quotidiano verso il progressivo rafforzamento delle abilità personali [3,55].

Pessimismo e *ottimismo* non rappresentano le estremità di una scala ma si presentano come dimensioni indipendenti che possono condizionare in modo determinante il pensiero umano; un atteggiamento pessimistico nei confronti della vita comporta una tendenza a intravvedere negli eventi solo gli aspetti negativi; nella pratica clinica questo atteggiamento è alla base della *demoralizzazione* che, se costituisce un tratto stabile di personalità, favorisce l'insorgenza di disturbi psichici e ne condiziona il decorso clinico.

Anche di fronte a evidenze positive queste persone con una visione tendenzialmente negativa della vita tendono ad arrendersi, a non prendere iniziative, a lasciarsi andare, a essere rinunciatarie. Laddove la *demoralizzazione* caratterizza, per esempio, la personalità di un soggetto affetto da episodi di panico vi sono minori possibilità di guarigione rispetto a un altro paziente che ha una visione della vita improntata all'*ottimismo*.

Caso 2

Michele lavora da molti anni in un'agenzia pubblicitaria; è stato il suo primo lavoro e ha condiviso con i suoi colleghi un'interessante e costante esperienza di crescita professionale e di amicizia. È entusia-

sta del lavoro che svolge, è dinamico e sempre alla ricerca di stimoli nuovi, attento alle novità e inte-
ressato a seguire gli aspetti formativi del proprio settore. Nel corso degli anni ha affinato le sue capacità, ha conquistato un discreto numero di clienti ed è soddisfatto dei risultati ottenuti. A un certo
momento però ha iniziato a essere insofferente, a non sentirsi soddisfatto del contratto lavorativo,
ritenendo più giusto stabilire uno stipendio base e una retribuzione variabile in rapporto al suo fatturato. La consapevolezza di riuscire a totalizzare un numero elevato di contratti pubblicitari lo spinge-
va a essere più determinato nell'avanzare richieste economiche all'amministrazione e a lavorare con
sempre maggiore impegno alla ricerca di risultati migliori. Anche se inizialmente Michele aveva pensato a un disimpegno lavorativo (*mi ero reso conto che non valeva la pena lavorare molto, tanto a gua-
dagnarci era solo il datore di lavoro...*), aveva poi riflettuto sulla possibilità di una compromissione
della propria professionalità; non avrebbe mai accettato l'idea di sentirsi demotivato, piuttosto avrebbe continuato a lavorare accontentandosi dei margini di guadagno attuali.
Michele ha iniziato però anche a prefigurarsi una situazione diversa, ha iniziato a sognare un'agenzia tutta sua, a pensare ai clienti che gli sarebbero rimasti fedeli, su quali persone fare affidamento
per alleanze future e a come affrontare le difficoltà economiche che sicuramente ci sarebbero state.
Nel giro di cinque anni è riuscito a registrare una propria agenzia e a mettersi in proprio, pianifican-
do con attenzione ogni investimento, contraendo il proprio tenore di vita, ma puntando con decisione a offrire al mercato una buona competenza professionale.

L'atteggiamento che si assume nei confronti della vita rispecchia le proprie caratteristiche di personalità ed è possibile avvicinarsi al *fitness cognitivo-emotivo* solo
se si ha uno spirito positivo; l'*ottimismo* è una forza ad ampio spettro, di vitale
importanza per gli individui e le organizzazioni [55].

Anche nel mondo del lavoro le difficoltà nascono, spesso, da atteggiamenti pes-
simistici, dalla convinzione che i meriti personali non sono valorizzati e che prevalgono sempre logiche o politiche aziendali scorrette.

È invece ampiamente dimostrato come le aziende, piccole o grandi che siano,
abbiano difficoltà a reclutare personale specializzato, motivato e preparato; sono
costantemente alla ricerca del *knowledge worker*, o lavoratore della conoscenza
[56], di persone in grado di lavorare con impegno e professionalità, in grado di
assolvere importanti impegni intellettuali, capaci di gestire con competenza e
responsabilità ogni situazione facendo tesoro delle proprie conoscenze teoriche e
della propria esperienza.

Queste persone sanno coniugare in sé la forza delle emozioni e la perspicacia
del pensiero in un'operazione di mirabile sintesi delle conoscenze che riescono a
reperire, metabolizzare e innovare.

7.2
Il fitness cognitivo

Le abilità cognitive possono essere rafforzate e migliorate con l'esperienza e grazie
all'allenamento costante delle capacità di apprendimento, elaborazione, pianificazione e adattamento: un esercizio continuo di interazione creativa con l'ambiente

che determina una vera modificazione strutturale del cervello (*plasticità cerebrale*).

Quanto maggiore è il *fitness cognitivo* di un individuo, tanto più egli sarà in grado di affrontare le sfide della vita, di prendere decisioni, di gestire le situazioni complesse, di codificare nuove idee e punti di vista alternativi e di modulare il comportamento con assertività ed efficacia.

È possibile allenare il cervello? Quali strategie utilizzare per implementare le funzioni cognitive? In che modo si può accrescere la propria capacità di apprendimento e di risoluzione dei problemi? Come favorire i processi di creatività?

Le tecniche di *Brain Training* sono sempre più di moda e sono sostenute da pressioni insistenti di aziende che hanno messo a punto specifici programmi di allenamento del cervello che garantirebbero migliori performance cognitive [57].

Qual è l'efficacia reale di queste tecniche di *Brain Training*? Esercizi di memoria, di risoluzione di problemi, giochi a quiz e quant'altro è previsto in esse sono sufficienti a garantire un miglioramento delle abilità cognitive della persona?

La realtà è ben più complessa e la semplice esecuzione di questi esercizi – peraltro non ancora convalidati dal punto di vista scientifico – non può rappresentare un valido modello di *fitness cognitivo*.

Le tecniche di *Brain Training* possono migliorare essenzialmente le abilità che riguardano il singolo programma in oggetto, ma senza che si verifichi alcun trasferimento delle abilità in altre situazioni; vale a dire che è possibile che vengano potenziate abilità specifiche (per esempio fare i calcoli, ricordare i numeri in specifiche sequenze, raggiungere livelli più alti di un gioco) ma senza nessun potenziamento delle funzioni cognitive generali.

Un programma di *fitness cognitivo*, per essere efficace, deve presupporre interventi mirati al rafforzamento della motivazione personale, all'innovazione e alla crescita intellettuale.

Caso 3

Emilia ha deciso di chiedere il *part-time*, non riesce più a conciliare le esigenze lavorative con quelle familiari, si è resa conto che con il passare degli anni sta progressivamente perdendo l'entusiasmo per il lavoro e si sente molto più affaticata per le incombenze familiari. Emilia ha 40 anni e lavora presso una casa editrice da oltre quindici anni, ha tre figli ed è laureata in lettere classiche, il suo compito è di rivedere i testi e adattarli alle esigenze redazionali; è un lavoro che richiede molta pazienza e competenza in quanto i contenuti possono spaziare dalla matematica alla medicina, dalla biologia alla letteratura classica.

In questo momento avverte l'esigenza di fermarsi per riprendere fiato, per organizzarsi mentalmente e per acquisire nuove competenze e magari riuscire a scrivere un romanzo; è consapevole che la sua scelta comporterà minori introiti economici e creerà qualche problema all'amministrazione che non è molto propensa a concedere il *part-time*.

L'attività intellettiva, la progettualità, la cura di se stessi e degli altri (occuparsi dei figli, svolgere attività di volontariato ecc.), il senso di utilità del proprio ruolo, l'accurata valutazione dei propri impegni, e della loro rispondenza a obiettivi precisi, sono tutti elementi che favoriscono migliori performance cognitive.

È difficile stabilire uno standard minimo di riferimento; l'attività cognitiva è il

7

riflesso della propria personalità, degli interessi lavorativi o artistici, dell'educazione ricevuta e degli studi fatti, dell'interesse verso la cultura in senso generale, della curiosità nei confronti dell'ambiente, della scienza e della società.

La vivacità cognitiva non può essere misurata poiché è multidimensionale, difficile da codificare e strettamente personale; per essere efficace il *fitness cognitivo* deve creare le condizioni per:

- comprendere come l'esperienza possa valorizzare le potenzialità del cervello;
- cercare e acquisire *schemi ricorrenti*;
- perseguire l'innovazione e la creatività.

Durante l'infanzia la maggior parte dei processi di apprendimento avviene senza un insegnante e grazie alla continua interazione con il mondo esterno il bambino si costruisce una *mappa del mondo* [58].

Esiste quindi un'intrinseca capacità dell'uomo di accrescere le conoscenze valorizzando l'esperienza quotidiana – il contatto esplorativo con la realtà – che, se ricca e intensa, ha un significato positivo, se povera e monotona non offre opportunità di crescita.

La valorizzazione dell'esperienza non è un processo automatico, si può svolgere bene il proprio mestiere, imparare a farlo a occhi chiusi, con agilità, ma senza accrescere la propria professionalità; in questo caso l'esperienza è solo abilità a fare alcune cose piuttosto che altre, ma non è crescita e sviluppo.

Pratica e competenza sono due cose diverse: si può avere molta pratica ed essere abili a ripetere la stessa attività con prontezza e precisione (*expertise*), ma ciò non è sufficiente a garantire la crescita e il miglioramento delle funzioni cognitive; la competenza aggiunge valore alla pratica poiché fonda le sue radici su conoscenze sempre più ampie, più complete e continuamente aggiornate.

La persona competente non si limita a conservare stabili le proprie abilità, ma si confronta quotidianamente con argomenti nuovi ed è sempre alla ricerca di soluzioni e strategie che possono migliorare la sua pratica; come valore aggiunto infatti la competenza consente a una persona di accedere a livelli superiori di efficacia [2].

In seguito alle innovazioni nella metodologia di lavoro alle Poste Italiane vi è stato un periodo in cui ho avuto modo di sottoporre a visita specialistica molti impiegati perché stressati e spaventati dal cambiamento (*non riesco a lavorare bene... è troppo complicato... mi si chiede molto di più rispetto al passato...*); molti di loro presentavano un disturbo d'ansia di lieve entità e comunque di natura transitoria; dove ce n'era la possibilità qualcuno ha preferito il prepensionamento.

Dopo l'iniziale periodo di adattamento il flusso di questa tipologia di pazienti si è fermato; evidentemente i disturbi erano solo l'effetto del cambiamento, cui è seguita una fase di stabilizzazione del lavoro che per alcuni ha avuto un effetto positivo in quanto si sono sentiti stimolati ad attivare un processo di *apprendimento continuo*.

Quando si parla di valorizzazione dell'esperienza e di competenza ci si riferisce alla propensione della persona ad allenare la propria mente, ad apprendere con sempre maggiore intensità e curiosità.

A tal proposito molte aziende hanno iniziato a proporre, nei confronti di persone più motivate sotto questo profilo, una *contrattazione psicologica* che mira a elargire sia una retribuzione aggiuntiva sia incentivi a forte valenza psicologica, andando incontro a quelle che possono essere le esigenze specifiche di ognuno.

Tra le strategie utili di implementazione della propria competenza vi è l'acquisizione di un numero maggiore di *schemi ricorrenti*, meglio definiti come abilità specifiche di cogliere gli elementi essenziali di un problema e di rilevarne al tempo stesso la soluzione.

Per gestire la complessità delle informazioni che provengono dall'ambiente è necessario, infatti, imparare a effettuare operazioni di sintesi che consentano di comprendere gli elementi che accomunano problemi e informazioni diverse, di discernere e interpretare in modo veloce enormi quantità di dati per identificarne gli elementi essenziali e operare scelte rapide e appropriate [53]:

> [...] il cervello umano fa tutto il possibile per semplificarsi la vita adottando modelli standard di percezione e azione. Una volta messo a fuoco il modello l'individuo riesce a muoversi al suo interno senza problemi [59].

L'abilità ad adottare *schemi ricorrenti* non è comune e richiede impegno ed esercizio; si tratta di un'attitudine a distinguere rapidamente ciò che è essenziale da ciò che è secondario; richiede una profonda cultura, una conoscenza puntuale della materia in esame e una grande abilità ad associare in termini creativi le nozioni possedute.

Il *fitness cognitivo* rappresenta un forte stimolo all'innovazione; con l'allenamento mentale si previene l'inerzia, si favorisce la creatività e si diventa meno vulnerabili al declino mentale legato all'età [53].

7.3
Il fitness emotivo

L'apprendimento delle abilità emotive – il *fitness emotivo* – necessita invece di una metodologia diversa, in quanto presuppone un'adeguata conoscenza del proprio mondo emotivo e lo sviluppo di abilità relazionali.

La comunicazione tra due persone avviene in modo circolare ed è favorita dalla capacità dell'uomo di costruire, conoscere (*capacità introspettiva*) e condividere i *modelli mentali* o *paradigmi* [58]; quando ci si confronta faccia a faccia con una persona si ha un processo di reciproco influenzamento che rende possibile la condivisione dell'esperienza umana nei suoi aspetti cognitivi ed emotivi (*empatia*). Questo processo di sintonizzazione è alla base delle abilità sociali dell'uomo e costituisce il fondamento della cooperazione interindividuale [2,11].

Il *fitness emotivo* deve muoversi su un livello individuale e su uno relazionale.

A livello individuale l'apprendimento delle abilità emotive è favorito dalla conoscenza del proprio Sé, che può essere rafforzata da un processo di costante *autoanalisi* [31] o da percorsi di psicoterapia individuale [42].

7

Per migliorare il livello relazionale è invece necessario un percorso formativo condiviso con altre persone attraverso diverse metodologie, come la *supervisione di gruppo* che consiste nella partecipazione, sotto la guida di un supervisore esperto, a una serie di incontri a cadenza prestabilita a cui partecipano piccoli gruppi di persone.

Caso 4

Vincenzo lavora in una banca da circa dieci anni, è sposato e ha due figli, ha una buona esperienza di prodotti finanziari e occupa una posizione di responsabilità proprio in tale ambito; il suo ruolo è quello di dare consigli ai clienti sugli investimenti più redditizi e opportuni, a seconda delle offerte del mercato. Con la crisi finanziaria degli ultimi anni, Vincenzo, pur lavorando presso un istituto di credito solido dal punto di vista economico, ha iniziato a presentare malesseri fisici legati allo stress; ha iniziato a pensare di aver tradito i suoi clienti, di non meritare più la loro fiducia e di non essere più in grado di promuovere i nuovi prodotti finanziari. Pur continuando a lavorare con efficacia si sente stressato, teso, nervoso e presenta maggiori difficoltà di concentrazione. Per l'azienda questo stava diventando un problema diffuso che, a lungo termine, avrebbe potuto avere ripercussioni sul fatturato; per tali motivi sono stati organizzati gruppi di lavoro supervisionati da uno staff di esperti (due psicologi e uno psichiatra).

Nell'ambito di questi gruppi Vincenzo, esprimendo le proprie emozioni, verbalizzando il suo stato d'animo, ha potuto condividere la sua esperienza emozionale con altri suoi colleghi e rendersi conto che tali vissuti, con gradazione diversa, erano comuni anche agli altri.

Ciò gli è servito a uscire dal senso di isolamento, a rendersi conto che le sue preoccupazioni erano realistiche e che vi era un modo più sano e meno stressante di gestirle.

Lavorare in gruppo, esprimere emozioni e condividerle con gli altri consente all'individuo di riappropriarsi della propria dimensione emotiva e di riconoscere e gestire al meglio le più importanti emozioni nella relazione interpersonale [60].

L'esperienza emozionale dei lavori di gruppo appare di fondamentale importanza per la gestione delle risorse umane, per migliorarne l'efficienza e prevenire l'insorgenza di dinamiche psicologiche che possono sfociare in strutturazioni psicopatologiche.

Costruire un gruppo funzionale richiede costanza e impegno. Essendo un'esperienza vissuta in prima persona richiede una partecipazione attiva e diretta, duratura nel tempo, tale da garantire un apprendimento profondo con risvolti concreti nella pratica quotidiana.

Il lavoro di gruppo riduce il senso di isolamento, favorisce l'introspezione e migliora la qualità delle relazioni.

L'attuazione di tali processi formativi è possibile in ogni ambito lavorativo, ma non è limitata a essi; molti terapeuti organizzano gruppi di supervisione a cui partecipano persone di diversa estrazione culturale e professionale – impegnate o meno in attività lavorative – accomunate dalla motivazione a migliorare il rapporto con se stessi e con gli altri.

L'organizzazione dei lavori di gruppo va al di là del contenimento di situazioni di disagio – come può essere lo stress lavorativo o una crisi coniugale – ponendosi come obiettivo la promozione del benessere dell'individuo e il miglioramento della qualità della vita.

7.4
Una visione d'insieme

Il *fitness cognitivo-emotivo* è un programma per potenziare l'efficacia della mente e risponde all'esigenza di favorire la crescita armonica dei processi cognitivi ed emotivi alla base della personalità matura; molte difficoltà individuali o relazionali nascono da divergenze nella modulazione di questi due processi e dall'incapacità di accrescere i meccanismi integrativi delle funzioni mentali [58].

Se non si acquisisce uno stile di vita funzionale attraverso il quale esprimere al meglio le proprie potenzialità (*salutogenesi*), nessun esercizio, nessuna pratica, nessun processo di apprendimento può essere reale e funzionale.

Il *fitness cognitivo-emotivo* si propone come un processo di *apprendimento continuo*, pertanto la partecipazione a un corso di aggiornamento o a un solo ciclo di lavori di gruppo non è efficace.

Non si ha mai la garanzia di aver acquisito le abilità emotive e cognitive in modo completo e duraturo, la caratteristica fondamentale dei processi di apprendimento è la loro dinamicità e variabilità nel tempo:

"Certo quanto maggiore sarà il grado di trasparenza, tanta maggiore libertà ci sarà dato di raggiungere, con nostro vantaggio. Ma l'idea di un prodotto umano del tutto rifinito, non solo appare presuntuosa, ma anche, secondo me, manca di un forte potere di richiamo" [31].

Più che acquisizione di abilità il *fitness cognitivo-emotivo* è propensione, motivazione e impegno costante (Tabella 7.1).

Tabella 7.1 Articolazione su due livelli degli obiettivi fondamentali del fitness cognitivo-emotivo

* *livello individuale*: maturazione della personalità, valorizzazione dell'esperienza, ottimismo, ricerca degli schemi ricorrenti, valorizzazione dell'innovazione e della creatività, impegno e studio costanti, motivazione alla crescita umana e professionale;
* *livello relazionale*: accettazione e valorizzazione del proprio mondo interiore, propensione alla relazione, accettazione degli altri, sintonizzazione emotiva (*empatia*), riduzione dei conflitti, ricerca di esperienze condivise e di emozioni positive in ambito familiare, lavorativo e sociale.

La mente è dotata di una potenzialità intrinseca di crescita e tutto ciò che la valorizza favorisce l'adozione di stili di vita funzionali e positivi che accrescono i livelli di soddisfazione personale e la qualità della vita.

Caso 5

Era la prima volta che Cristina partecipava, a Parigi, a un gruppo di lavoro internazionale centrato sul tema della leadership. Al gruppo partecipavano dieci conferenzieri, esperti in corsi sul management aziendale, selezionati in base al curriculum professionale e al grado di motivazione rispetto all'esperienza proposta. Ogni partecipante doveva esporre in cinque minuti un argomento, riguardante la gestione delle risorse umane, che veniva indicato solo quindici minuti prima da parte del supervisore; la trattazione avveniva alla presenza degli altri partecipanti e il tutto era videoregistrato.

7

Dopo aver consentito a tutti di parlare ci si riuniva per rivedere ogni singolo video e poi commentarlo; ognuno doveva esprimere liberamente le proprie riflessioni sul contenuto della presentazione, sulla modalità e incisività con cui era stata svolta, sulla gestualità dell'oratore, le emozioni che era stato in grado di trasmettere. Anche il singolo oratore aveva la possibilità, nel rivedersi, di commentare il proprio intervento, potendo poi verificare la coerenza delle proprie riflessioni con quella degli altri partecipanti.

L'esperienza di Cristina rientra in un programma di apprendimento sulle abilità di leadership centrato sull'implementazione delle capacità emotive e cognitive della persona.

Essere partecipante e osservatore allo stesso tempo è un'esperienza che aiuta a riflettere sul proprio operato e a confrontarsi con altre persone; diventa inconsapevolmente una sfida che mette a nudo la propria emozionalità e la capacità di selezionare e ordinare in un breve lasso di tempo le nozioni più appropriate per la trattazione; l'apprendimento fondato sull'esperienza è più efficace e lascia una traccia più incisiva rispetto alla semplice lettura di un libro o alla partecipazione a un corso.

Metodologie simili sono impiegate spesso nella formazione degli psicoterapeuti a cui viene data la possibilità di seguire le sedute di psicoterapia attraverso uno specchio monodirezionale; il terapeuta formatore svolge normalmente la seduta, sapendo sia lui che il paziente – che ha preliminarmente espresso il proprio consenso – di essere osservati.

Ciò attiva nel terapeuta particolari dinamiche psicologiche e una maggiore attenzione operativa; anche da parte del paziente, che sa di essere oggetto di uno studio, si attivano in genere dinamiche positive che per certi aspetti rafforzano l'intervento terapeutico.

In un secondo momento il terapeuta lavora sul gruppo osservatore stimolando riflessioni sia sul versante clinico sia sui vissuti emotivi.

Espletata con regolarità, questa esperienza diventa formativa e garantisce migliori livelli di apprendimento.

In ambito medico è invece molto seguita la metodologia dei *gruppi Balint* [22] in cui un piccolo gruppo di operatori (medici, psicologi, assistenti sociali ecc.) si riunisce periodicamente sotto la guida di un esperto per confrontarsi sui vissuti emotivi della relazione medico-paziente. A ogni incontro uno dei partecipanti espone in modo spontaneo un caso clinico che gli ha suscitato particolari emozioni; il lavoro del gruppo è polarizzato proprio su tali aspetti della relazione. Condotti con periodicità tali gruppi rappresentano un importante momento formativo oltre che risultare protettivi rispetto a condizioni di demotivazione professionale [60].

In definitiva, mentre in precedenza si tendeva a operare scissioni – separare il cognitivo dall'emotivo – in ambito formativo, oggi si avverte con soddisfazione la necessità di mettere a punto metodologie integrative capaci di stimolare i processi mentali nel loro insieme.

I vantaggi che derivano da tale approccio sono notevoli in quanto si valorizza la persona e la sua propensione all'autorealizzazione e si va a incidere sui fattori motivazionali dell'individuo; infatti solo una profonda e convinta motivazione personale consente di avvicinarsi con lo spirito giusto al *fitness cognitivo-emotivo*.

Naturalmente ogni modello può avere indicazioni e controindicazioni, plausi e critiche, consensi e dinieghi, ciò che conta è la consapevolezza che ogni filosofia non può restare una teoria astratta, ma va tradotta nella pratica, deve diventare un esercizio da applicare innanzitutto a se stessi con particolare costanza [47]: nessun allenamento può essere episodico; come nello sport, la persona che sceglie di allenarsi lo fa con determinazione e forza avendo ben chiari gli obiettivi [16].

Riconoscere e gestire i problemi

8

8.1
Riconoscere i problemi

Caso 1
Giovanna, avvocato, si sposa tra un mese, ha 29 anni, è figlia unica e lavora presso uno studio legale come collaboratrice; dopo la laurea e l'abilitazione professionale è riuscita in breve tempo a per-
fezionare gli studi e a inserirsi nel mondo del lavoro; ha un contratto a tempo indeterminato e le vengono riconosciuti dei bonus in rapporto al lavoro svolto. La giovane età e la sua efficacia professionale stanno ora suscitando invidia e gelosia da parte di alcuni colleghi (nello studio lavorano altri sei
avvocati), che iniziano a fare allusioni circa le modalità con cui Giovanna ottiene successo: in più
occasioni hanno insinuato che i risultati positivi dipendono dal suo "fascino femminile", dalla sua
"capacità seduttiva", dal suo "rapporto particolare con il capo" e non dalla sua bravura.
Giovanna, pur soffrendo, non risponde alle provocazioni; ha molti problemi familiari e non può permettersi di sbagliare o di alimentare la conflittualità, anche nella consapevolezza che il lavoro che
svolge ha sostanzialmente un elevato grado di autonomia decisionale e che il supporto di Chiara,
una collega con cui ha legato molto bene, è sufficiente per sostenere eventuali criticità; inoltre pensa
che in futuro, se tutto va bene, potrebbe crearsi uno spazio professionale autonomo.
Gli altri problemi nascono dalla sua vita familiare e affettiva; all'età di 22 anni ha lasciato la famiglia
di origine per essere indipendente, perché in quanto figlia unica si sentiva troppo protetta e assilla-
ta dai genitori, entrambi pensionati. La sua scelta è stata inizialmente molto contrastata e per molto
tempo non ha ricevuto nessun sostegno e aiuto economico; ora i genitori sono malati e hanno bisogno di assistenza e cura, perciò Giovanna ha dovuto organizzare il lavoro e ogni altro aspetto della
sua vita anche in funzione dei loro bisogni assistenziali. Dal punto di vista affettivo si ritiene fortu-
nata perché ha finalmente conosciuto la "persona giusta" che sposerà il mese prossimo, ma in passato ha dovuto affrontare situazioni difficili. Un primo fidanzato era violento e aggressivo, soprattutto quando abusava di alcolici; ha dovuto faticare molto per distaccarsene; gli voleva bene, era stato
il suo primo uomo e non è stato facile decidere di porre fine a una storia che pure la stava distrug-
gendo. Una seconda relazione è invece finita quando, dopo aver scoperto di essere incinta, è stata
lasciata sola a decidere cosa fare: l'uomo con cui conviveva, appresa la notizia, l'ha abbandonata

Personalità e autoefficacia. Ferdinando Pellegrino
© Springer-Verlag Italia 2010

dicendo che un figlio non era tra i suoi progetti. Giovanna ha abortito portando con sé sensi di colpa che ancora oggi la mettono in crisi e sono il motivo per cui mi ha consultato.

Tra gli aspetti positivi della sua personalità vi è la tenacia con cui affronta i problemi della vita e la capacità di evitare interferenze tra i diversi ambiti; è in grado di riconoscere i problemi, di coglierne le connotazioni essenziali, di essere discreta ma decisa, di affrontarli singolarmente riuscendo a tenerli separati.

Caso 2

Simone ha lavorato per molti anni in una nota azienda farmaceutica con ruoli di primaria importanza, gestendo varie linee di prodotti e occupandosi soprattutto della loro commercializzazione; un ruolo chiave per il fatturato dell'azienda, che ha ricoperto facendosi affiancare da validi collaboratori che egli stesso ha selezionato. È sposato e ha due figli con cui non è mai riuscito ad avere un buon rapporto: un riflesso della tensione e della conflittualità – ben celata – che ha sempre vissuto con la moglie soprattutto per i suoi impegni; non avendo orari, e dovendo gestire molti problemi, riusciva a stare in famiglia solo di domenica. Il fatto di lavorare in un'altra città, dove aveva acquistato un monolocale, e di dover viaggiare spesso lo portavano lontano dagli impegni familiari; tuttavia una parte di responsabilità era anche da attribuire a una relazione extraconiugale che durava da molti anni.

Il ruolo di Simone all'interno dell'azienda si è rafforzato sempre di più nel corso degli anni, fino a quando l'azienda è stata acquisita da un'altra, che ha imposto nuovi organigrammi e nuove procedure.

Simone ha iniziato a sentirsi stretto, soffocato e imbrigliato in meccanismi difficili da gestire; benché gli fosse stato confermato lo stesso ruolo dirigenziale non aveva più l'autonomia decisionale di un tempo e ciò per lui era motivo di profonda frustrazione e demotivazione; ha deciso così, prima che la situazione gli sfuggisse di mano, di dare le dimissioni e andare a lavorare altrove, mantenendo un buon livello di autonomia e professionalità.

La caratteristica fondamentale della personalità di Simone è voler dominare gli altri, consapevole della sua capacità di ricoprire ruoli di leadership: pondera bene ogni decisione lavorativa, conosce bene il mestiere e negli anni ha saputo instaurare buoni rapporti anche con la concorrenza, fatto che gli è tornato utile nel momento in cui ha deciso di cambiare. Evita con cura le problematiche familiari, non le affronta e solo in alcuni momenti riesce ad avere consapevolezza della sua difficoltà a gestire la propria affettività.

Caso 3

Marina si è iscritta al terzo anno del corso di laurea in Psicologia dopo aver conseguito il diploma di maturità classica e studia con molto entusiasmo; vuole occuparsi di psicologia dell'età evolutiva e man mano che prosegue negli studi si rende conto di non ricevere dall'università la dovuta attenzione e stimolazione; lezioni ed esami rinviati di continuo e professori poco disponibili la fanno sentire in balia delle onde e senza una guida. Avrebbe voluto cambiare sede universitaria, ma le condizioni economiche della famiglia e l'età avanzata dei genitori non le consentono di fare questo passo; ha un fratello che avrebbe piacere ad aiutarla, ma i suoi guadagni non sono tali da poter sostenere spese importanti. Marina quando può riesce a fare un po' di doposcuola e, in questo modo, a sostenere spese extra senza ulteriori aggravi sulla famiglia.

Dopo una relazione con un ragazzo durata circa un anno ha preferito distaccarsene poiché non riusciva a conciliarla con lo studio, a cui ha dato ogni priorità; ora si chiede come fare per colmare i "vuoti formativi", si chiede se questi vuoti sono frutto della propria fantasia o se davvero esistono; ciò che

la sconforta è il clima universitario di generale lassismo che l'induce alla riservatezza e a non cercare amicizie in tale ambito.
Marina ha una buona personalità, riconosce i suoi limiti, mi ha contattato per praticare volontariato
e si chiede in che modo può migliorare il suo rapporto con l'università; a volte pensa di esagerare e
di essere lei ad avere una visione così desolante dell'ambiente universitario; rimane tuttavia convinta di dover mantenere la costanza nello studio, di dover approfondire da sola gli argomenti più
importanti e di dover pianificare investimenti in attività – come l'apprendimento della lingua inglese o la partecipazione a convegni – che possano esserle utili nella sua professione.

"Avete mai osservato come si comportano le tartarughe marine appena uscite dal-
l'uovo? Se non l'avete mai fatto, ve lo spiego io. Corrono, per quanto glielo consentono le zampette corte, fin dentro il mare. Non prendono mai la direzione sbagliata" [61].

Anche nella mente umana esiste un patrimonio di conoscenze (la conoscenza *a
priori*) che rende possibile la percezione dell'ambiente esterno in funzione delle
necessità individuali; l'*istinto* è fondamentale per la sopravvivenza e grazie all'e-
voluzione sono state installate nel cervello milioni di informazioni [58] che favoriscono l'interazione funzionale tra l'individuo e l'ambiente per renderlo autonomo
e in grado di operare scelte adeguate alla sua funzionalità e al suo benessere.

L'uomo ha bisogno di tempo per crescere, per capire quali sono i suoi obiettivi
principali e non sempre nella vita riesce a prendere la direzione giusta; molte volte si
ritrova in ambienti particolarmente ostili e disturbati, altre volte deve affrontare
imprevisti che possono mettere a dura prova la sua resistenza, oppure si trova a dover
riorganizzare tutti i suoi progetti perché a un certo punto subentra la necessità di rivedere le scelte operate, divenute fonte di insoddisfazioni e non più attuali; è parados-
sale anche dover sottolineare che in alcune circostanze, pur in presenza di condizioni ambientali ottimali, lo sviluppo dell'individuo resta limitato e non funzionale.

Non è possibile operare previsioni sulla crescita di una persona in funzione del-
l'ambiente: fratelli cresciuti nella stessa famiglia possono avere caratteristiche di
personalità completamente diverse e anche divergenti, studenti che hanno seguito
lo stesso corso di studi possono avere risultati completamente differenti.

L'interazione individuo-ambiente è dinamica, complessa e caratterizzata da
numerose variabili; come abbiamo più volte sottolineato, la personalità può avere
un ruolo attivo nella ricerca del proprio benessere. Per cercare nell'ambiente le
migliori condizioni di adattamento occorre:
• liberarsi dei pregiudizi negativi nei confronti dello stesso;
• definire e valorizzare le scelte personali (*autoefficacia*).

Per affrontare qualsiasi problema bisogna prestare attenzione a non lasciarsi
ingannare dai pregiudizi negativi; essi, infatti, possono alterare la visione della realtà e compromettere l'imparzialità del giudizio sui dati osservati.

Mi è capitato di svolgere alcuni seminari in contesti scolastici di marginalità
sociale; ciò che mi ha colpito è che, nonostante gli insegnanti fossero giovani e pro-
venissero da altre città, avevano una visione ristretta del proprio ruolo, del modo di
insegnare, delle potenzialità del loro lavoro.

Il pregiudizio verso l'operare in tali contesti era demotivante, e dai loro discorsi non emergeva alcun entusiasmo ma solo un atteggiamento negativo e lamentoso (*i ragazzi non studiano… non seguono con attenzione… non si impegnano…*); piuttosto mi sono reso conto che questi insegnanti non avevano mai sfogliato una rivista di psicologia dell'educazione, non si erano mai preoccupati di apprendere come si può lavorare con efficacia anche in ambienti difficili.

Il pregiudizio può compromettere l'efficacia professionale, in qualsiasi ambito, tuttavia esiste anche una forma di *pregiudizio positivo* che, invece, può essere fonte di gratificazione e crescita professionale; il pregiudizio rappresenta una *precognizione*, ovvero il contenuto mentale che consente la formulazione di un giudizio.

È inevitabile che una persona abbia un'idea preconcetta di certe situazioni ed è possibile che questa idea condizioni in modo negativo la formulazione dei giudizi e l'appropriatezza dei comportamenti.

La consapevolezza personale dei preconcetti, lo sviluppo di adeguati livelli di critica e la rivalutazione continua del modo di pensare possono contribuire a una visione più adeguata della realtà; imparare a valorizzare le scelte personali e riconoscersi in grado di affrontare con efficacia i problemi (*autoefficacia*) sono premesse indispensabili per avere un atteggiamento positivo nei confronti della vita.

Ogni persona è in grado di affrontare efficacemente qualsiasi problema e di realizzare diversi progetti, molto spesso è solo questione di metodo [19]; quando le difficoltà sembrano insormontabili è probabile che non si è trovata la giusta strategia.

Acquisire un metodo vuol dire imparare a individuare una sequenza logica di interventi, una serie di attività operative ben codificate che portano a buoni risultati.

Caso 4

Dino gestisce un laboratorio di analisi, convenzionato con il SSN, che ha ereditato dal padre deceduto due anni fa in seguito a un incidente automobilistico; ha sei dipendenti e un buon fatturato. Il laboratorio è al centro di una grande città e ha un notevole afflusso di utenti; oltre ai problemi relativi alla gestione del personale e all'organizzazione del lavoro, vi sono quelli relativi al rapporto con l'azienda sanitaria locale, le incombenze burocratiche e il carico di lavoro relativo alle procedure per la certificazione di qualità.

Dino è laureato in biologia e si è occupato prevalentemente degli aspetti tecnici del lavoro, ora ha difficoltà a gestire tutte queste problematiche di cui si occupava il padre; non potendo ridurre il suo impegno lavorativo a causa della carenza di personale è costretto a fare i salti mortali per riuscire a sbrigare tutto ciò che gli compete.

Deve anche occuparsi della madre che ora vive da sola e che necessita di particolare assistenza per motivi di salute; il suo unico fratello, con cui non ha buoni rapporti, da anni si è trasferito all'estero.

Il rapporto con la moglie non è più quello di una volta e molto spesso vi sono conflittualità riguardo all'educazione dei tre figli che sono ancora piccoli.

Caso 5

Elisa gestisce da molti anni un bar, è sposata e il marito lavora come camionista, è sempre fuori per lavoro e non può aiutarla; ha due figli che affida ai suoceri, che vivono nello stesso stabile, per dedicarsi all'attività lavorativa. Il bar si trova in una buona posizione, all'ingresso di un casello autostradale, ma non rende molto; Elisa lo gestisce assicurando l'essenziale, non ha mai pianificato attività innovative né ha creato i presupposti per ottenere un profitto maggiore e proporzionato alle potenzialità di questa attività. Per Elisa non è possibile fare nulla per guadagnare di più e il suo obiettivo è assicurarsi lo stesso margine di attività di sempre.

Anche se agisce in piena autonomia e non ha altri particolari problemi, poiché gode anche del sostegno dei suoceri con cui ha un buon rapporto, non ha mai pensato di migliorare l'attività, anche in considerazione del fatto che comunque il tempo e la fatica spesi sono notevoli; in pratica lavora tutti i giorni feriali dalle sei del mattino alle otto di sera con una chiusura pomeridiana di tre ore.

Dino sta attraversando un periodo difficile che lo ha messo in crisi, in quanto si trova da solo ad affrontare tutta una serie di situazioni, sia affettive che lavorative, e non sa da dove iniziare.

Dovrebbe innanzitutto stabilire a quali problemi dare la precedenza.

Elisa si trova invece a vivere una situazione di stasi, di impegno notevole e con margini di guadagno ristretti; dal punto di vista affettivo ha delegato la crescita dei figli ai suoceri e vive con frustrazione il rapporto con il marito, anche per la lontananza a cui è costretto. Il suo problema è di capire se è possibile migliorare la gestione dell'attività, renderla più redditizia e trovare più tempo da dedicare ai figli.

Come comportarsi in situazioni simili? A quali problemi dare la precedenza? Come affrontare contemporaneamente più situazioni? Come gestire il cambiamento? In una situazione di stasi è possibile prevedere miglioramenti?

8.2
Risolvere i problemi

Nella vita di una persona vi possono essere momenti in cui diversi problemi o situazioni devono essere affrontati con prontezza; l'errore che più comunemente si commette è procedere senza un metodo, senza aver individuato e pianificato le tappe da percorrere e stabilito le priorità.

Continuare a lavorare – come ha fatto Dino – senza fermarsi e riorganizzarsi è un errore comune; in molti libri di economia aziendale è riportata la storiella del boscaiolo che stava segando, con grande fatica e dispendio di energia, un albero con una sega non affilata e a chi glielo faceva notare rispondeva di non avere tempo da perdere per andare a comprarne un'altra!

È buona norma fermarsi di tanto in tanto per affilare gli strumenti mentali e porsi nelle migliori condizioni per agire [62], in tal senso può essere utile l'apprendimento di specifiche strategie di risoluzione dei problemi o *problem solving*.

Una metodologia efficace di *problem solving* si struttura essenzialmente in sei momenti fondamentali (Tabella 8.1):

L'applicazione della metodologia del *problem solving* agevola il riconoscimento e la risoluzione dei problemi e favorisce la crescita delle competenze personali.

8

Tabella 8.1 *Problem solving*: sequenza logica di interventi

1. *definizione degli obiettivi*: si individua il problema e si definiscono gli obiettivi da raggiungere;
2. *processo informativo*: si attinge a più fonti per cercare le informazioni utili al raggiungimento degli obiettivi;
3. *verifica delle possibilità*: grazie alle informazioni ottenute è possibile individuare diverse opportunità;
4. *scelta della possibilità*: delle varie opportunità l'attenzione è diretta alla scelta di una sola opzione su cui investire;
5. *azioni* finalizzate al *problem solving*: agire concreto per il raggiungimento degli obiettivi;
6. processo di *calibratura*: verifica periodica di quanto compiuto per valutare la congruenza con la scelta operata o la presenza di motivazioni che sollecitano un cambiamento.

8.2.1
Definire gli obiettivi

Abbiamo già parlato degli obiettivi fondamentali della vita; essi sono alla base di ogni scelta e rappresentano il nucleo operativo della personalità, la motivazione per cui una persona persegue determinate scelte.

Per equipaggiarsi bene quando si viaggia ed essere in grado di sostenere anche situazioni di emergenza è necessario conoscere la destinazione e le tappe intermedie.

Per definire bene un obiettivo occorre scegliere con cura la meta, ma occorre prestare anche attenzione alla necessità di cambiare destinazione per il sopraggiungere di nuove e valide motivazioni.

Caso 6

Maria ha aperto da un anno un negozio di bomboniere; ha avuto una buona idea, riuscendo a trasformare una sua vecchia passione – ha collezionato bomboniere fin dall'infanzia – in un'attività commerciale; l'occasione è nata quando, avendo deciso di non proseguire gli studi universitari (*sono troppo impegnativi... un domani sarò una disoccupata come le mie amiche...*), ha convinto il padre a darle un aiuto economico per l'avvio dell'attività. Le sue competenze e le sue qualità relazionali hanno fatto sì che nel giro di un anno Maria ha dovuto assumere due collaboratrici fisse e avvalersi di altre persone per sostenere periodi di lavoro più intensi. Maria non si aspettava un tale successo e comincia a sentirsi affannata (*non sono più tranquilla come prima... non riesco a gestire bene le mie collaboratrici... forse le considero amiche... da alcune settimane non dormo bene...*) e ad avvertire l'esigenza di organizzare un po' meglio il lavoro, è consapevole delle potenzialità dell'attività intrapresa e vuole sfruttare questi segnali di disagio per imparare a gestirsi meglio.

Che si tratti di un piccolo negozio o di una grande attività, di un problema familiare o relazionale, della messa a punto di un progetto o della realizzazione di un'idea, è importante saper individuare con precisione i problemi da affrontare ed entrare nell'ottica del *miglioramento continuo* gestendo ogni situazione in funzione di una migliore efficacia operativa [63,64].

In queste situazioni occorre vincere l'*inerzia* iniziale; infatti, è più facile limitarsi a gestire l'ordinario piuttosto che perseguire l'obiettivo del miglioramento.

L'*inerzia* può essere dovuta alla paura del cambiamento, alla scarsa motivazione, alla paura di affrontare i problemi e alla difficoltà di apprendere nuove competenze, o ancora a situazioni di stress o di sovrapposizione di problemi; lo stress può inibire l'iniziativa e determinare condizioni di *paralisi ideativa* che compromettono l'accesso ad attività di *problem solving*.

Quando ci si trova in una situazione di *inerzia*, prima di intraprendere qualsiasi iniziativa è bene fermarsi per comprenderne le ragioni, riorganizzarsi e solo successivamente mettere a punto programmi di sviluppo.

È bene ricordarsi che ogni obiettivo deve avere precisi requisiti, deve essere:
- concreto e facilmente identificabile;
- non essere fine a se stesso ma inserito in una programmazione più ampia;
- misurabile ed efficace;
- oggetto di verifica e monitoraggio;
- definito nel tempo.

Quanto più indefinito è un obiettivo tanto più appare irrealizzabile; molte persone sprecano tanta energia per rincorrere obiettivi non realistici con il rischio di ritrovarsi a mani vuote nonostante gli sforzi compiuti.

Ogni obiettivo deve quindi essere concreto, utile e funzionale, deve essere pensato e non improvvisato, e inscriversi in un piano complessivo di miglioramento del proprio modo di essere e di affrontare i problemi del quotidiano; deve poter essere misurato, monitorato e avere tempi precisi di realizzazione.

Se si decide di affrontare un esame non è sufficiente dire a se stessi che bisogna studiare; è opportuno individuare gli argomenti oggetto dello studio, stabilire in quanto tempo affrontare i singoli argomenti, selezionare quelli da ripetere con maggiore frequenza perché più ricorrenti in sede d'esame, porsi un obiettivo temporale rispetto alla sessione d'esame prescelta, verificare periodicamente la qualità dell'apprendimento, inserire pause di assestamento (almeno un pomeriggio a settimana e i festivi) e individuare i temi che più facilmente possono essere oggetto di aggiornamenti non riportati nei libri di testo. L'obiettivo di superare l'esame deve naturalmente inserirsi in una valutazione complessiva degli esami da sostenere per il conseguimento della laurea.

Lo studio programmato diventa produttivo e il raggiungimento degli obiettivi più concreto con un aumento del senso di sicurezza personale e di *autoefficacia*.

La scelta di un obiettivo è anche in funzione delle *priorità*, la cui definizione deve essere altrettanto precisa e dettagliata; la codificazione e la selezione delle *priorità* non è semplice, tanto è vero che si possono sprecare molte energie in problemi ritenuti erroneamente più importanti ma che tali non sono.

Questa prima fase del *problem solving* è propedeutica a tutte le altre e se non si è decisi e assertivi è meglio schiarirsi prima le idee e non affrontare problemi o progetti senza avere ben chiare le mete da raggiungere.

Naturalmente è anche importante saper fronteggiare gli *imprevisti* e saper cogliere le *occasioni*.

Nella vita possono accadere eventi o emergere nuove situazioni, in grado di

8

stravolgere ogni piano d'azione anche se ben pianificato; gli *imprevisti* fanno parte della realtà e come tali devono essere affrontati con forza e decisione.

È importante premunirsi di piani d'azione alternativi e non lasciarsi prendere dal panico, essere cioè in grado di ridefinire in ogni momento gli obiettivi, non ostinarsi di fronte alle evidenze, essere flessibili e avere intuito per sfruttare bene le *occasioni*.

L'imprevisto non ha necessariamente connotazioni negative e ogni situazione nuova può rappresentare un'opportunità da valutare con attenzione.

La vita non può essere programmata in maniera completa, anche le certezze che abbiamo possono sgretolarsi all'improvviso, non per questo dobbiamo vivere senza una meta o senza obiettivi [8].

8.2.2
Raccogliere le informazioni

Il *processo informativo* mira ad acquisire la padronanza del problema o dell'argomento che si vuole affrontare; occorre tuttavia saper indirizzare gli sforzi nella direzione giusta e in linea con gli obiettivi individuati.

È, innanzitutto, importante imparare a porsi le domande giuste, in quanto la soluzione a un problema può essere trovata solo se il quesito iniziale è corretto [29]; molti problemi rimangono insoluti perché l'attenzione viene portata su aspetti marginali o confusivi che nulla hanno a che vedere con le questioni importanti, il che può anche costituire un alibi per non affrontare la realtà.

Un atteggiamento da contrastare è quello dell'*investigatore*, di chi nell'affrontare gli impegni quotidiani va alla ricerca del colpevole piuttosto che della vera essenza dei problemi; c'è una generale tendenza a deresponsabilizzarsi (*il velista incapace se la prende con il vento*) e a denigrare il lavoro o l'impegno altrui.

Questo atteggiamento, sia in ambito familiare che lavorativo o sociale, è solo fonte di conflitto e non aiuta a risolvere i problemi con efficacia.

Caso 7
Nominato a capo di una commissione interna per la verifica della bontà dei percorsi di qualità dell'azienda dove lavora – in prospettiva della richiesta della certificazione di qualità – Luca ha impostato il lavoro in modo atipico e non conforme al mandato che gli è stato dato. Ha iniziato a denigrare l'operato di molti colleghi e a sottolineare le carenze operative di molti reparti, attribuendo ogni responsabilità ai dirigenti in quanto "incompetenti e incapaci di far lavorare bene i loro collaboratori".
Ogni riunione della commissione si è progressivamente trasformata in una lamentela continua nei confronti degli altri – a ogni livello di professionalità – e dell'organizzazione, tanto da arrivare a produrre un documento a carattere generale in cui si evidenziano le carenze operative ma che non affronta in modo organico nessun problema e non individua i percorsi di miglioramento da intraprendere.

Il processo informativo serve a implementare le conoscenze sull'argomento da affrontare.

Luca, che non aveva mai fatto esperienza di percorsi di qualità, avrebbe dovuto, prima di insediare la commissione, documentarsi sulla metodologia da seguire e avere un atteggiamento più responsabile e propositivo.

Il suo mandato consisteva nell'individuare i punti di criticità e di eccellenza dell'azienda per arrivare a formulare proposte concrete; la sua domanda di partenza – *di chi è la colpa?* – è sbagliata, avrebbe dovuto formularla in termini positivi, valorizzando la professionalità dei colleghi di lavoro [29].

Luca "non ha studiato", non ha puntato a valorizzare le proprie competenze e non è stato in grado di attivare un processo analogo negli altri componenti della commissione.

Per comprendere i problemi occorre considerare la formazione personale come parte integrante della propria professionalità; la formazione a breve termine e focalizzata su argomenti spot (corsi di aggiornamento periodici) non può garantire una professionalità solida e matura.

Presi dal quotidiano, diventa sempre più difficile dedicare una parte del proprio tempo allo studio e alla ricerca, con il rischio di non riuscire a stare al passo con i tempi.

Quanto tempo dedichiamo allo studio per implementare la nostra professionalità? Nell'affrontare un nuovo problema, ci fermiamo innanzitutto a studiarlo per comprendere la sua natura?

La risposta più comune è che – quando si lavora – non si ha tempo da dedicare allo studio in modo sistematico e organizzato; è questione di metodo e di educazione [64].

In linea generale occorre pianificare i tempi da dedicare allo studio per poter comprendere le problematiche che emergono quotidianamente dal proprio lavoro, occorre attivare percorsi personali di autoformazione (*andragogia*) che siano costanti e coerenti con gli obiettivi che si vogliono perseguire.

L'allenamento alla formazione continua facilita l'apprendimento di determinati argomenti nel momento in cui si devono affrontare nuove situazioni o impegni lavorativi.

L'attivazione di un *processo informativo* è più efficace quando vi è una naturale propensione allo studio, nessun problema può essere affrontato e nessun obiettivo può essere raggiunto se non si hanno le conoscenze adeguate.

In un mondo globalizzato in cui le conoscenze sono infinite e – paradossalmente – difficili da selezionare, solo un allenamento costante può aiutarci, nel momento del bisogno, a districarci nella ricerca delle informazioni utili senza dispendio di energia.

8.2.3
Il mondo del possibile

Dopo aver raccolto tutte le informazioni necessarie, quando si ha una visione chiara della materia da trattare è opportuno volgere uno sguardo al futuro alla ricerca di tutte le opzioni possibili.

Vi possono essere modi diversi per affrontare un problema o per realizzare un progetto, e ogni opzione avrà aspetti positivi e negativi; quando si parte pensando a un'unica soluzione si può correre il rischio di non prendere in considerazioni opzioni più favorevoli e promettenti.

Quando un problema ci appare come un vicolo stretto, quando non si ha una visione ampia e quando non si è ottimisti si corre il rischio di partire con il piede sbagliato.

Se si intravede un'unica soluzione non vi è nessuna possibilità di scelta, il campo d'azione resta limitato, rispetto a un problema l'opzione diventa duale (o sì o no!), si rinuncia fin dall'inizio a percorrere strade più innovative e creative.

La visione del mondo deve essere ad ampio raggio: se si guarda l'imbuto dall'alto in basso la prospettiva è ristretta, tende a chiudersi, a diventare monodirezionale, cambiando prospettiva, guardandolo dal basso verso l'alto, la visuale si allarga e l'orizzonte offre più opportunità [65].

Caso 8

Pio non ha voluto continuare gli studi per "pigrizia", lo riteneva "troppo faticoso", ha lasciato la scuola a 16 anni e ha iniziato a svolgere diverse attività, in prevalenza lavori stagionali con contratti a tempo determinato. La difficoltà di trovare un lavoro più stabile è divenuta un problema quando ha incontrato Cinzia e ha iniziato a pensare al matrimonio: non avrebbe mai accettato di sposarsi senza un minimo di sicurezza economica, né la sua famiglia avrebbe potuto sostenerlo. La sua idea prevalente – quella di trovare un posto fisso – lo aveva indotto a muoversi in questa direzione; senza riuscirci, aveva canalizzato tutti gli sforzi alla ricerca di un lavoro stabile, non aveva mai preso in considerazione la possibilità di intraprendere un'attività in proprio.

Con il tempo Pio, anche grazie all'aiuto di Cinzia, ha cominciato a chiedersi cosa avrebbe potuto fare in alternativa, o meglio quali abilità avrebbe potuto coltivare per il suo futuro; stava riflettendo sulla sua passione per i colori e la pittura, è nata così l'idea di imparare il mestiere di pittore utilizzando tutto il tempo libero disponibile.

Nel giro di quattro anni Pio si è creato un'attività promettente, riuscendo anche a specializzarsi in particolari tecniche di pittura, molto richieste dal mercato.

Spesso siamo portati a considerare i nostri limiti, ad avere paura di intraprendere nuove sfide e valorizzare le opportunità della vita; ciò vale anche nei periodi di crisi e di incertezza, quando è importante attingere a ulteriori risorse personali [12].

La ricerca delle alternative e la loro valorizzazione è direttamente proporzionale alla capacità dell'individuo di porsi nei confronti della vita con un atteggiamento positivo; tanto più una persona è innovativa e creativa, tanto più sarà in grado di trovare soluzioni vincenti e di realizzare progetti importanti.

Come valutare la propria capacità di *innovazione*?

Una prima indicazione deriva dalla storia personale, dalla frequenza con cui le persone cambiano abitudini e modo di fare, dalle innovazioni che sono capaci di perseguire.

Impariamo a osservarci, a valutare il nostro modo di fare e le nostre abitudini; se ci riscopriamo monotoni e ci ritroviamo a fare sempre le stesse cose, vuol dire che siamo poco propensi alla creatività e all'innovazione: abbiamo bisogno di entusiasmo e *vitalità* [66].

8.2.4
Esiste la scelta giusta?

Definito l'obiettivo, raccolte le informazioni necessarie e valutate tutte le possibilità per raggiungerlo, occorre selezionare "la possibilità" tra quelle valutate come opportune.

È il momento di prendere la "decisione giusta", di decidere il percorso da seguire e i tempi di realizzazione; la scelta è un processo di selezione dal molteplice (*le possibilità*) al singolo (*la possibilità*): come faccio a sapere che sto facendo la scelta giusta? Come faccio a non avere dubbi? E se vi sono alternative migliori?

Caso 9
Anna e Rocco si sono appena laureati in Biologia e hanno iniziato a lavorare presso il laboratorio chimico di un'industria farmaceutica con un contratto iniziale a tempo determinato. Per loro è stata una vera fortuna, dopo la laurea avevano inviato il curriculum a diverse aziende e hanno avuto subito questo incarico; hanno giocato a loro favore sia il voto di laurea sia la buona conoscenza dell'inglese.
Dopo circa un anno di attività sono stati interpellati da un'altra azienda, più piccola ma con buone potenzialità, che proponeva loro un contratto a tempo indeterminato. Anna e Rocco sono andati in crisi: cosa fare? Lasciamo quest'azienda per andare in una più piccola? È vero che abbiamo un contratto a termine, ma le possibilità di stabilizzazione contrattuale e di carriera sono buone? E se l'azienda più piccola fallisce?
Anna non ha avuto dubbi, ha scelto l'azienda più piccola, mentre Rocco ha preferito non cambiare.
A distanza di tre anni l'azienda di Rocco è in piena crisi e si prospettano licenziamenti mentre quella di Anna sta andando bene e lei è diventata la responsabile del laboratorio.

Le scelte hanno sempre una dimensione storica, non esiste la scelta ideale; ognuna ha diverse implicazioni, non sempre prevedibili, la sua validità è nell'attualità e comporta impegno e senso di responsabilità.

Per scegliere bene è quindi importante aver valutato con attenzione le diverse possibilità, nei casi dubbi è opportuno prendersi dei margini di tempo più lunghi, ma entro limiti temporali ben precisi.

La natura di una scelta non è mai del tutto razionale, vi è sempre una componente emotiva che ha la sua importanza e che non può essere trascurata.

Di fronte a due opportunità si può non essere in grado di valutare perché le motivazioni che propendono per l'una o per l'altra possono essere entrambe giuste ed equamente calibrate.

In questi casi l'*intuito* (*sento che questa è la scelta giusta...*), la propensione emotiva (*mi piace di più questo progetto...*), il gusto per le sfide (*non mi piacciono le soluzioni semplici...*), il momento storico che si sta attraversando (*scelgo di lavorare vicino casa per assistere meglio i miei genitori...*), il desiderio di cambiare (*voglio aprirmi a nuove esperienze...*) e altre variabili giocano un ruolo fondamentale.

In ogni caso è importante considerare con attenzione le possibilità presenti e le loro motivazioni psicologiche (*autoconsapevolezza*), sapendo che ogni scelta comporta una rinuncia ma solo la rinuncia può consentire di operare scelte positive e responsabili.

8

Non sempre è possibile mantenere le proprie prestazioni a livelli ottimali, essere decisi e assertivi, conservare nel tempo livelli elevati di affidabilità; a volte è più facile mollare e arrendersi e – soprattutto quando i risultati positivi stentano ad arrivare – ci si scoraggia e ci si stanca.

Mi è capitato di avere pazienti che proprio nei momenti in cui dovevano raccogliere i frutti di anni di impegno hanno mollato all'improvviso, perdendo ogni cosa e rinunciando a quanto realizzato.

È bene considerare che ogni scelta va vissuta come una nuova opportunità e che i tempi di valutazione devono essere ben definiti.

La scelta è assunzione di responsabilità ma non per questo non si può cambiare idea e condividere altre opzioni; l'importante è non lasciarsi prendere dal panico e valutare con attenzione altre possibilità: se è vero che occorre essere decisi nell'operare delle scelte, è anche vero che nella vita si possono incontrare alternative migliori.

Non esiste in ogni caso nessuna regola generale; quanto più i fattori di personalità sono positivi tanto più le scelte operate saranno coerenti e costruttive (*autoefficacia*).

La persona matura è in grado di operare scelte ben ponderate e pianificarle in tempi ragionevoli, di sostenerle con serietà e responsabilità e, per *giusta causa*, rimodularle cogliendo opportunità migliori.

8.2.5
È il momento di agire!

Infine occorre *agire*, passare alla fase dell'azione in cui dare attuazione a quanto programmato; è la fase più difficile da sostenere in quanto in essa deve realizzarsi tutto ciò che è stato pensato, valutato e immaginato.

Una prima difficoltà che si incontra è la tendenza a *procrastinare*, a rinviare le decisioni, a non iniziare nuovi progetti, soprattutto quando la strada appare in salita, quando le difficoltà iniziali sono molte; all'inizio possono prevalere vissuti di ansia, paura, preoccupazione di non farcela, vissuti di inadeguatezza, sensazione di non avere un sufficiente controllo della situazione.

Uno stato d'animo positivo e una forte convinzione di controllo (*autoefficacia*) rafforzano nella persona la sensazione di essere in grado di agire e di controllare gli effetti del proprio comportamento.

Occorre naturalmente saper cogliere il momento giusto per intraprendere un nuovo percorso, molti errori, infatti, nascono dall'essere stati troppo impulsivi e non aver valutato ogni cosa con attenzione; molto spesso le idee nuove maturano lentamente e anche quando si è convinti della loro bontà bisogna saper riconoscere la condizione ideale per agire.

Superata la fase iniziale può subentrare, man mano che si procede, la voglia di mollare tutto, di rinunciare al progetto, di lasciar perdere a costo di accettare situazioni di compromesso; la rinuncia può essere giustificata quando vi sono situazioni obiettive difficili da gestire o quando si comprende – a ragion veduta – che è il momento di fermarsi per valutare la bontà delle scelte operate.

Caso 10

Rino, un noto avvocato di 35 anni, si è sposato lo scorso anno ed è andato a vivere a casa dei suoceri; tutto ciò ha comportato una modifica del suo abituale stile di vita: ha iniziato a praticare meno sport, a fumare e a mangiare di più, a sostenere ritmi lavorativi più intensi, dovendoli conciliare anche con gli impegni familiari. È arrivato a fumare trenta sigarette al giorno e a pesare 90 chili!

Pur conservando una buona funzionalità lavorativa, familiare e sociale, Rino ha iniziato a vivere con angoscia la perdita di dinamismo e a sentirsi soffocato e stanco della vita attuale. Ha così deciso di mettersi a dieta, di smettere di fumare e di riprendere l'attività fisica: il suo era diventato anche un problema di immagine, si sentiva a disagio, avvertiva una sensazione di sofferenza interiore.

Ora Rino, a 47 anni, è riuscito a recuperare uno stile di vita finalizzato al mantenimento dei risultati conseguiti, ma con grande sacrificio e impegno costante.

I progetti spesso falliscono perché si cercano e si immaginano soluzioni facili, perché al primo insuccesso o difficoltà subentra un senso di impotenza, di scoraggiamento; molte persone tendono a cambiare idea facilmente, a modificare di continuo i progetti, a lasciare in sospeso gli impegni assunti.

Una caratteristica fondamentale della persona matura è la sua coerenza e costanza nel perseguire gli obiettivi e la determinazione nell'adottare uno stile di vita coerente con il proprio modo di essere [16,21].

Caso 11

Alessandro è al suo quinto lavoro, ha firmato un contratto con una multinazionale olandese che opera nel settore alimentare ed è andato a vivere a Londra portando con sé la sua famiglia, la moglie Giulia e le due bambine di sei e otto anni. Sembra un inquieto, non riesce a conservare lo stesso rapporto di lavoro per più di due anni, cambia continuamente azienda e ogni volta inizia il nuovo rapporto con grande entusiasmo, riuscendo a inserirsi senza difficoltà in ogni ambiente; possiede una forte padronanza delle proprie competenze scientifiche e una buona capacità relazionale, si pone obiettivi precisi e affronta con agilità le situazioni complesse o conflittuali. Il suo problema è che, trascorso un certo periodo di tempo, inizia a diventare insofferente rispetto all'ambiente, a desiderare di cambiare, di affrontare nuove esperienze e sfide, di raggiungere obiettivi sempre più elevati.

Alessandro ha 40 anni ed è laureato in Chimica, la sua passione per il lavoro è grande, riesce a dare il meglio di sé in ogni esperienza lavorativa, tanto da essere considerato un talento.

Chi esamina il suo curriculum si rende conto però di non poter fare affidamento su di lui per un periodo lungo, la sua caratteristica fondamentale è quella di dare il meglio di sé in un margine di tempo ristretto; quando riceve una proposta di lavoro la prende in considerazione solo se rappresenta una nuova sfida e un'opportunità di crescita professionale. Le aziende che investono su di lui sanno che possono contare sulla sua collaborazione per portare a termine progetti specifici.

La competenza professionale di Alessandro gli consente di avere un forte potere contrattuale nel mondo del lavoro, la sua efficacia comunicativa lo porta a essere sempre franco e ad avere buoni rapporti di collaborazione con le aziende in cui ha lavorato.

Nell'affrontare le dinamiche del passaggio tra la fase ideativa e quella dell'azione si possono commettere errori di valutazione, ci si può smarrire o sentirsi in difficoltà; tuttavia è proprio in questa fase che la persona matura riesce a dare il

8

meglio di sé e a sentirsi realizzata, il desiderio di agire sovrasta ogni dubbio e consente di procedere con la dovuta determinazione.

8.2.6
Sapersi calibrare

L'eccessiva *presunzione* o *sicurezza di sé* è alla base di molti errori umani, poiché il sentirsi eccessivamente padroni della situazione comporta una ridotta capacità valutativa del rischio.

Una sovrastima delle proprie capacità operative da parte di un radiologo o di un chirurgo, di un controllore di volo, di un addetto alla sicurezza in aeroporto o di un cassiere di banca può essere fonte di errore professionale; allo stesso modo sentirsi, per esempio, eccessivamente sicuri della guida di un'auto comporta una sottostima del rischio connesso all'uso del cellulare o di altre fonti di distrazione, con possibili gravi conseguenze per sé e per gli altri in caso di incidente.

Effetti negativi sul comportamento umano possono essere anche dovuti all'*insicurezza personale*, alla mancanza di fiducia nelle proprie capacità e potenzialità. Non sentirsi in grado di gestire i problemi alimenta ulteriori vissuti di insicurezza con una ricaduta negativa sulle proprie performance.

Nell'affrontare qualsiasi situazione è bene attivare forme di controllo (*feedback correttivo*) in grado di rilevare informazioni adeguate sulle azioni eseguite e sui risultati ottenuti; tale *feedback* deve essere costante e non limitato alle situazioni di crisi, quando si è costretti – per forza maggiore – a rivedere i propri piani d'azione.

Anche quando le cose vanno bene e tutto procede per il meglio è bene riflettere sul proprio operato ed è utile effettuare un monitoraggio continuo su ciò che si sta facendo e sui risultati che si stanno ottenendo.

Questo processo di *calibratura* ci aiuta a misurare la differenza fra le capacità reali e quelle percepite [41].

Dal punto di vista psicologico non è facile essere equilibrati e avere un'esatta percezione della realtà, è per questo motivo che la maggior parte delle persone tende a non essere *ben calibrata*.

È importante imparare a individuare gli obiettivi fondamentali della vita e a investire in modo prevalente in quella direzione; ciò è possibile se le scelte sono orientate da una *bussola interiore*, dalla profonda conoscenza di se stessi (*autoconsapevolezza*), una conoscenza che si traduce in uno sforzo continuo per vivere con equilibrio e creatività [31,47,67].

Caso 12
Roberta è entrata in conflitto con il suo direttore in merito a un progetto di ricerca e sta attraversando un brutto periodo anche per problemi di conflittualità coniugale; da qualche anno non si sente più a suo agio, non ha più quell'entusiasmo di quando si è sposata e tutto le comincia a pesare. Roberta è ricercatrice universitaria e ha 32 anni, ha sempre dedicato molto tempo allo studio e ciò le ha consentito di emergere nell'ambito delle neuroscienze, riuscendo a pubblicare su riviste internazionali a elevato *impact factor*.

Negli ultimi anni si stava dedicando con successo a un settore di ricerca nuovo in tema di neurobiologia interpersonale e non poteva accettare che il suo direttore le imponesse di coinvolgere nel gruppo di ricerca persone non competenti. Ciò l'ha portata, dopo diversi mesi di discussione, a ridimensionare il suo impegno in ambito universitario e a cercare altrove opportunità migliori per proseguire le ricerche.

Roberta è anche consapevole che il suo matrimonio non può andare avanti, ha preso coscienza che il suo rapporto con Antonio non è più gestibile in quanto sente di non avere nei suoi confronti l'entusiasmo di prima, perciò sta prendendo in considerazione l'idea di chiedere la separazione.

Vi sono momenti della vita in cui anche le scelte più importanti possono vacillare ed essere meno solide e sostenibili; in alcuni periodi possono emergere situazioni di conflittualità e di difficoltà su vari fronti, vicende familiari, lavorative e sociali possono intrecciarsi e influenzarsi reciprocamente, mettendo a dura prova le capacità adattive di una persona.

Il processo di *calibratura* appare come un momento di riflessione che, se condotto periodicamente e in modo costante – anche quando tutto va bene –, riesce a garantire una percezione appropriata della propria vita, favorendo quel processo di *autoconsapevolezza* e *autoefficacia* fondamentale per l'equilibrio personale.

Autostima e autoefficacia
un test per riflettere

1. **Avverto una sensazione di malessere interno e di inquietudine**
   - ☐ a. che non riesco a definire
   - ☐ b. che tuttavia riesco a gestire senza particolari problemi

2. **Mi sento preoccupato per il futuro**
   - ☐ a. perché penso che possa succedermi qualcosa
   - ☐ b. ma non mi lascio influenzare, riesco a essere ottimista

3. **Ho piena fiducia in me stesso**
   - ☐ a. solo quando ottengo buoni risultati
   - ☐ b. anche quando non riesco a realizzare qualche progetto

4. **Mi capita di sentirmi indifeso e imbarazzato**
   - ☐ a. anche di fronte a piccoli imprevisti
   - ☐ b. ma in ogni caso riesco a far valere le mie opinioni

5. **Provo sensazioni di disagio e mi sento irrequieto**
   - ☐ a. anche quando dovrei essere tranquillo e in assenza di problemi
   - ☐ b. solo se mi trovo ad affrontare delle difficoltà

6. **Riesco a essere soddisfatto del modo in cui organizzo la mia vita**
   - ☐ a. solo quando va tutto bene
   - ☐ b. ma mi metto in discussione per ottenere risultati migliori

7. **Evito volentieri di fronteggiare situazioni critiche o difficili**
   - ☐ a. perché ho paura di non farcela e di aver bisogno degli altri
   - ☐ b. se mi sento stanco e ho bisogno di riflettere

8. Quando sono in preda al panico
- ❑ a. ho paura di sbagliare e di non essere in grado di reagire
- ❑ b. ho piena consapevolezza dei miei limiti e cerco di affrontare al meglio la situazione

9. Tendo a preoccuparmi per cose di scarsa importanza
- ❑ a. in quanto non sempre riesco a comprendere la vera natura dei problemi
- ❑ b. ma si tratta di preoccupazioni transitorie e facilmente gestibili

10. Spesso desidero che tutto cambi magicamente
- ❑ a. perché dopo tanti insuccessi non oso più credere di potercela fare da solo
- ❑ b. ma non rinuncio a lottare per ottenere dei buoni risultati

11. Mi sento teso, nervoso e ho difficoltà a rilassarmi
- ❑ a. soprattutto la sera, quasi tutti i giorni, ma solo quando lavoro
- ❑ b. solo quando ho dei problemi seri da risolvere

12. Sono soddisfatto di me stesso
- ❑ a. se tutto va bene e quando ricevo molti complimenti
- ❑ b. anche quando sono stanco e scoraggiato

13. Quando inizio un nuovo progetto
- ❑ a. mi lascio prendere dal panico e da mille dubbi
- ❑ b. so di potercela fare e cerco di impegnarmi

14. Riesco ad accettarmi con tutti i miei difetti
- ❑ a. ma mi sento a disagio quando mi confronto con gli altri
- ❑ b. in ogni circostanza

15. L'ansia m'impedisce di essere attivo e di prendere iniziative
- ❑ a. ho sempre bisogno dell'aiuto di qualcuno
- ❑ b. solo quando sono stanco e stressato

16. Ho difficoltà a prendere decisioni e a essere concreto
- ❑ a. perché ho sempre molti dubbi che non sempre riesco a risolvere
- ❑ b. quando opero in contesti disorganizzati e caotici

17. Ho bisogno di rassicurazione e di approvazione da parte degli altri
- ❑ a. perché se ricevo dei complimenti il mio livello di autostima aumenta
- ❑ b. ma riesco a non lasciarmi influenzare anche quando mi rivolgono delle critiche

18. Gli imprevisti mi infastidiscono
- ❑ a. quando le cose non vanno come desidero
- ❑ b. se non possiedo obiettivamente le risorse per gestirli

19. Nel relazionarmi agli altri
- ☐ a. non mi sento a mio agio, ma giudicato e osservato
- ☐ b. mi sento sicuro di me stesso e riesco a esprimere le mie emozioni

20. Quando entro in conflitto con le persone
- ☐ a. mi sento mortificato e tendo a rinunciare alle mie idee
- ☐ b. ho l'abilità di negoziare e di evitare che il conflitto persista

21. Di fronte al cambiamento
- ☐ a. ho l'impressione di perdere il controllo della situazione
- ☐ b. riesco ad anticipare i problemi e a pianificare le strategie di adattamento

22. Se devo affrontare contemporaneamente più situazioni problematiche
- ☐ a. diminuisce il mio livello di sicurezza e tendo a scoraggiarmi
- ☐ b. aumenta l'impegno e il desiderio di farcela

23. Quando ci sono più problemi e difficoltà
- ☐ a. non riesco a concentrarmi, ho paura di sbagliare
- ☐ b. riesco a mantenere la calma e a essere deciso

24. Quando sono sotto pressione
- ☐ a. perdo facilmente la calma
- ☐ b. riesco a esprimermi comunque al meglio

25. Se un problema persiste per molto tempo
- ☐ a. tendo a mollare, a rinunciare, a ignorarlo
- ☐ b. lo affronto senza paura ed entro i limiti delle mie capacità

26. Trascorro una parte del mio tempo a studiare e a cercare nuovi interessi
- ☐ a. solo se devo affrontare un argomento che non conosco
- ☐ b. con costanza ed entusiasmo

Il test serve a riflettere su alcuni aspetti della vita quotidiana e non ha alcun carattere diagnostico.

Se prevalgono le risposte "a" occorre rivedere gli atteggiamenti personali nei confronti dei problemi in quanto tale prevalenza tende a sottolineare livelli inadeguati di autostima e autoefficacia.

Se prevalgono le risposte "b" l'atteggiamento è più assertivo e positivo; implementare questi aspetti favorisce l'acquisizione di una maggiore sicurezza psicologica.

Autostima e autoefficacia
un test per agire

1. Quando devo affrontare un argomento complesso
☐   a. inizio a preoccuparmi perché non so come orientarmi
☐   b. riesco a individuare i punti strategici su cui far leva

2. Se ricevo molte telefonate al giorno
☐   a. mi lascio andare e perdo molto tempo in chiacchiere inutili
☐   b. presto attenzione solo a quelle che ritengo importanti

3. Di fronte a un problema insormontabile
☐   a. mi scoraggio e tendo a demoralizzarmi
☐   b. accetto la realtà e cerco una valida alternativa

4. Quando devo prendere una decisione
☐   a. mi lascio semplicemente guidare dall'istinto
☐   b. acquisisco ogni elemento importante e prendo in considerazione anche l'istinto

5. Di fronte agli imprevisti
☐   a. mi lascio prendere dal panico e agisco d'impulso
☐   b. mi fermo e rifletto su come procedere

6. Se incontro persone nuove
☐   a. sono prevenuto e solo in un secondo momento do' la mia fiducia
☐   b. tendo sempre, salvo valide motivazioni, a dare la mia fiducia

7. Se un amico ha tradito la mia fiducia
☐   a. non gli rivolgo più la parola, in quanto non affidabile
☐   b. gli offro altre opportunità, ma non con la stessa fiducia

8. Tra gli impegni familiari, lavorativi e sociali
☐   a. accumulo stanchezza ma non ne sono consapevole
☐   b. riesco a essere sensibile al mio ritmo biologico e a regolare le mie prestazioni

9. Nelle situazioni di caos o di crisi
☐   a. ho bisogno di qualcuno che mi guidi perché tendo a perdere la dovuta concentrazione
☐   b. mantengo una buona stabilità emotiva e riesco a operare scelte realistiche

10. Quando mi sento stanco e so di aver raggiunto un livello alto di tensione
☐   a. continuo a sforzarmi di essere efficiente, non è il caso di mollare
☐   b. cerco di fermarmi e di raccogliere le idee per verificare migliori opportunità operative

11. Durante la giornata lavoro intensamente, faccio tantissime cose
- [ ] a. ma a volte ho la sensazione di sprecare molto tempo
- [ ] b. cerco però di rendermi conto se posso migliorare la mia efficacia

12. Ho sempre tante idee e progetti da realizzare
- [ ] a. a volte però non so da dove iniziare e perdo tempo
- [ ] b. ho tuttavia l'abitudine di verificare periodicamente la loro fattibilità

13. Quando ho preso una decisione
- [ ] a. la porto a termine con fermezza e responsabilità
- [ ] b. sono assertivo e ho l'abitudine di verificarne periodicamente la sua validità

14. Mi riesce facile cambiare idea
- [ ] a. perché voglio essere dinamico e aperto alle innovazioni
- [ ] b. solo se è opportuno e dopo aver valutato ogni circostanza

15. Quando mi relaziono con persone che non condividono i miei pensieri
- [ ] a. riesco ad adattarmi a loro senza difficoltà, anche se devo rinunciare a qualcosa
- [ ] b. conservo il mio modo di vedere e riesco a non colludere con loro

16. Quando entro in conflitto con gli altri
- [ ] a. cerco sempre di salvaguardare i miei interessi
- [ ] b. riesco a portare avanti un processo di negoziazione

17. La soddisfazione personale nasce dal successo
- [ ] a. per cui ho sempre bisogno di ottenere dei buoni risultati e di raggiungere degli obiettivi
- [ ] b. ma è comunque sempre presente, anche nei momenti di crisi o di difficoltà

18. Mi sento sicuro delle mie azioni
- [ ] a. solo quando sono rilassato e non ho preoccupazioni
- [ ] b. in ogni momento, in quanto ho una buona considerazione di me stesso

19. Mi capita di pensare al mio passato
- [ ] a. con notevole frequenza perché ho commesso alcuni errori che continuano a pesarmi
- [ ] b. quando avverto la necessità di riflettere sulle scelte operate per trarne degli insegnamenti

20. Ho molti amici e riesco a stringere relazioni profonde
- [ ] a. non sopporto tuttavia che alcune persone non coltivino la mia amicizia
- [ ] b. anche se a volte si tratta di amicizie situazionali e di breve durata

21. Quando mi sento insoddisfatto

❑   a. tendo a rinunciare a qualsiasi cosa e a demoralizzarmi

❑   b. mi rendo conto che c'è qualcosa che non va e che bisogna cambiare
      modo di vivere

22. Provo spesso invidia e risentimento

❑   a. sono emozioni forti che non mi aiutano a essere sereno

❑   b. ma faccio in modo che queste emozioni non condizionino
      il mio comportamento

23. Quando devo iniziare un nuovo progetto

❑   a. confido molto nella mia esperienza passata

❑   b. cerco di applicare una corretta metodologia e vado alla ricerca
      di nuovi strumenti

24. In alcune occasioni mi sento ostinato ed ho dei preconcetti

❑   a. in quanto sono convinto che rispetto a certi problemi non posso
      cambiare idea

❑   b. ma ho anche il coraggio di mettermi in discussione

25. Quando pianifico le mie attività

❑   a. mi riesce difficile individuare le priorità

❑   b. ho le idee chiare rispetto agli obiettivi da perseguire

26. Dovendo giudicare la mia efficacia

❑   a. non riesco a essere obiettivo e non mi rendo conto di alcuni errori

❑   b. cerco di valutare il mio operato in modo obiettivo

27. Di fronte a un compito difficile

❑   a. a volte ho la sensazione di non avere una buona memoria

❑   b. riesco a concentrarmi e a ricordare ogni cosa

28. Nel relazionarmi agli altri

❑   a. sono sempre sincero, anche a discapito del mio benessere

❑   b. tendo ad assumere un atteggiamento prudente e a valutare con attenzione
      l'interlocutore

Il test serve per comprendere alcuni meccanismi psicologici implicati nello svolgimento dei compiti e non ha alcun carattere diagnostico.

Se prevalgono le risposte "a" occorre imparare a essere più decisi e disinvolti per affrontare al meglio ogni situazione.

Se prevalgono le risposte "b" si è sulla buona strada; implementare questi aspetti rafforza l'autostima e l'autoefficacia.

Bibliografia

1. Morosini P, Perraro F (2001) Enciclopedia della Gestione di Qualità in Sanità. Centro Scientifico Editore, Torino
2. Goleman D (2000) Lavorare con intelligenza emotiva. BUR Saggi, Milano
3. Seligman MEP (1996) Imparare l'ottimismo. Giunti, Firenze
4. Mollica RF (2007) Le ferite invisibili. Il Saggiatore, Milano
5. Bertone U, Capozzi F, Carlini V et al (2006) I grandi manager italiani. Boroli Editore, Milano
6. Rose S (2005) Il cervello del ventunesimo secolo. Spiegare, curare e manipolare la mente. Codice, Roma
7. Elster J (2008) La volontà debole. Il Mulino, Bologna
8. Pellegrino F (2002) Essere o non essere leader. Positive Press, Verona
9. Hall CS, Lindzey G (1966) Teorie della personalità. Boringhieri, Torino
10. Horney K (1981) Nevrosi e sviluppo della personalità. Astrolabio, Roma
11. Cozolino L (2008) Il cervello sociale. Raffaello Cortina, Milano
12. Kotter J, Rathgeber H (2006) Il nostro iceberg si sta sciogliendo. Sperling & Kupfer, Milano
13. Spencer J (1999) Chi ha spostato il mio formaggio? Sperling & Kupfer, Milano
14. Maslow AH (1973) Motivazione e personalità. Armando Armando, Roma
15. Weber R (2007) Perché corriamo? Einaudi, Torino
16. Trabucchi P (2007) Resisto dunque sono. Corbaccio, Milano
17. Betti F (2006) Le strategie della stupidità. ETAS, Milano
18. Marina JA (2006), Il fallimento dell'intelligenza. Longanesi, Milano
19. Meazzini P (2009) Problemi quotidiani. Come utilizzare al meglio la nostra intelligenza. Giunti Editore, Firenze
20. Zimbardo P (2008), L'effetto Lucifero, Cattivi si diventa? Raffaello Cortina, Milano
21. Bandura A (ed) (1996) Il senso di autoefficacia. Aspettative su di sé e azione. Centro Studi Erickson, Trento
22. Pellegrino F (2009) La sindrome del burn-out. Centro Scientifico Editore, Torino
23. Pellegrino F (2009) Valutazione clinica dello stress lavorativo e del rischio psicosociale. M.D. Medicinae Doctor, 20/21:24-28
24. Seligman MEP (2003) La costruzione della felicità. Sperling & Kupfer, Milano
25. Pellegrino F (2000) Stress positivo, stress negativo. Positive Press, Verona
26. Selye H (1979) Stress. Psicologia Contemporanea 35:53-55
27. Pellegrino F (2004), Psicosomatica. Mediserve, Milano Firenze Napoli
28. Stoltz P (2006) Response Ability: come i manager continuano a far bene anche quando le cose vanno male. In: AA VV, L'azienda globale. Boroli Editore, Milano
29. Miller JG (2005) DDD! La domanda dietro la domanda. Corbaccio, Milano
30. Farné M (1999) Lo stress. il Mulino, Bologna
31. Horney K (1971) Autoanalisi. Astrolabio, Roma

32. Lazarus AA, Lazarus CN, Fay A (1995) La vita è già difficile, perché complicarsela. Positive Press, Verona
33. Cipolla CM (1988) Allegro ma non troppo, con Le leggi fondamentali della stupidità umana. Il Mulino, Bologna
34. Puggelli FR (2005) Gestire l'emotività sul lavoro. Il Sole 24 Ore, Milano
35. Dalai Lama (2004) La compassione e l'individuo. Le Lettere, Firenze
36. Balducci C, Fraccaroli F (2008) Lavoro e comportamenti controproduttivi. Psicologia Contemporanea, 210:26-31
37. Castonguay LG, Goldfried MR (2000) Integrazione della psicoterapia: un'idea per la quale è arrivato il tempo. Integrazione nelle psicoterapie e nel counseling, 7/8:13-31
38. De Silvestri C (1981) I fondamenti teorici e clinici della terapia razionale-emotiva. Astrolabio, Roma
39. Enzensberger HM (2008) Nel labirinto dell'intelligenza. Einaudi, Torino
40. Goleman D (1999) Intelligenza emotiva. BUR Saggi, Milano
41. Hallinan JT (2009) Il metodo antierrore. Newton Compton, Roma
42. Greenberg SI (1973) La nevrosi: un doloroso stile di vita. Il Pensiero Scientifico, Roma
43. Nettle D (2007) Felicità. Giunti, Firenze
44. de Bono E (1997) Impara @ pensare. Sperling & Kupfer, Milano
45. Beck JS (2008) Terapia Cognitiva. Mediserve, Milano Firenze Napoli
46. Chapman M (2009) Intelligenza Emotiva. Giunti, Firenze
47. Rovatti PA (2006) La filosofia può curare? Raffaello Cortina, Milano
48. Lahav (2004) Comprendere la vita. Apogeo, Milano
49. Rizzolatti G, Sinigaglia C (2006) So quel che fai. Il cervello che agisce e i neuroni specchio. Raffaello Cortina, Milano
50. Bauman Z (2009) Vite di corsa. Il Mulino, Bologna
51. Spencer J (2004) Il presente. Sperling & Kupfer, Milano
52. Csikszentmihalyi M (2000) Se siamo tanto ricchi, perché non siamo felici? Bollettino di psicologia applicata 232:3-11
53. Gilkey R, Kilts C (2007) Fitness cognitivo. Harvard Business Review, 11:1-10
54. Chelo A (2002) La leadership secondo Peter Pan. Sperling & Kupfer, Milano
55. Pritchett P (2008) L'ottimismo logico. ETAS, Milano
56. Davenport TH (2006) Il mestiere di pensare. ETAS, Milano
57. Oliverio A (2009) Allenare il cervello. Psicologia contemporanea 214:21-24
58. Frith C (2009) Inventare la mente. Come il cervello crea la nostra vita mentale. Raffaello Cortina, Milano
59. de Bono E (2000) Semplicità. Sperling & Kupfer, Milano
60. Pellegrino F (2006) Oltre lo stress, burn-out o logorio professionale, Centro Scientifico Editore, Torino
61. Schmidt-Decker P (2009) L'istinto della tartaruga. Armenia, Milano
62. Covey SR (2000) I sette pilastri del successo. Bompiani, Milano
63. Ohno T (2004) Lo spirito Toyota. Einaudi, Torino
64. Pellegrino F (2007) Valorizzare le risorse umane. Motivati & soddisfatti. Mediserve, Milano Firenze Napoli
65. Zander RS, Zander B (2001) L'arte del possibile. Il Sole 24 Ore, Milano
66. Varvelli R, Varvelli ML (1999) Marketing di se stessi. Il Sole 24 Ore, Milano
67. Barel S, Bleicher B (2009) Pensa da Zebra. Mondadori, Milano

Indice analitico

Finito di stampare nel mese di gennaio 2010